두려움 없이
엄마 되기

두려움 없이 엄마 되기

초판 1쇄 발행 | 2012년 1월 10일
초판 2쇄 발행 | 2013년 1월 28일

글쓴이 | 신순화
펴낸이 | 현병호
편 집 | 권정민, 김경옥
디자인 | 전인애
펴낸곳 | 도서출판 민들레
주 소 | 서울시 마포구 성산동 209-4
전 화 | 02) 322-1603
전 송 | 02) 6008-4399
전자우편 | mindle98@empal.com
홈페이지 | www.mindle.org

ISBN | 978-89-88613-48-1(03040)

이 도서의 국립중앙도서관 출판시도서목록(CIP)은
e-CIP 홈페이지(www.ni.go.kr/cip.php)에서 이용하실 수 있습니다.
(CIP 제어번호: CIP2011005651)

두려움 없이
엄마 되기

자연스럽게 평화롭게 아이 낳고 키우기

신순화 씀

민들레

아이를 키우는 일은
나의 가장 밑바닥을 마주하는 일

결혼 9년 동안 세 아이를 낳고 열심히 젖 먹이고 아이를 기르며 살았다. 결혼 전에는 나름 인정받던 사회복지사였지만 일을 그만두고 가정을 택한 것을 후회한 적은 없다. 원했던 선택이기도 했지만 아이들과 함께 지내면서 느끼고 배우는 것들이 너무나 많았기 때문이다. 건강하고 자연스런 출산을 준비하면서 병원에서 이루어지는 비인간적이고 산업화된 출산 문화의 문제에 눈뜨게 되었고, 젖과 천기저귀로 아이를 키우고 아이를 제대로 사랑하는 법을 고민하면서 아이가 살아갈 세상이 안고 있는 문제들이 더 잘 보였다.

나는 내가 하는 일이 세상에 조금이나마 보탬이 되기를 꿈꾸었고, 그 일을 통해 나도 더 많이 성장하기를 바랐다. 아이를 낳고 키우는 일이 그랬다. 아이를 키우며 내 인격의 가장 밑바닥을 들여다볼 수 있었고, 내 성격의 가장 부끄럽고 모자란 부분을 매순간 마주했다. 아이들은 거울처럼 내 사람됨을 내게 보여주었다. 그 어떤 죽비도 스승도 이렇게 무섭고 엄정하지는 않을 것이다. 모자라고 부족한 사람이라서 아이들이 주는 가르침을 몇 년씩 깨우치지 못하며 잘못을 반복하기도 하고, 번개처럼 가슴을 울리는 무언가를 깨달으며 조금씩 앞으로 나아가기도 했다. 그렇게 지금껏 살아오면서 그 과정을 있는 그대로 글로 남겨왔다.

엄마가 되고 부모가 되는 일은 정말 소중하고 특별한 축복이다. 그러나 우리는 이 일만이 줄 수 있는 행복의 참맛을 느끼기도 전에 육아에 대해 너무 미리 겁을 내고, 부담을 느끼고, 돈을 먼저 걱정한다. 아이가 생기는 일은 지출이 늘어나는 일이기보다 삶이 더 풍부하고 신비롭고 아름다워지는 일이다. 아이를 키우는 일은 쉽지 않지만 분명 아이만이 줄 수 있는 행복이 있다. 그 순간에만 보이는 보석과 그 시절에만 알 수 있는 감동이 있다.

눈과 마음을 열고 아이와 함께하면 아이들은 보석처럼 제 존재를 빛내며 우리를 새롭게 일깨운다. 지난 9년 동안 내가 겪은 시간들이 그랬다. 아이들을 위해서 돈을 더 많이 벌려고 할 게 아니라, 아이들과 함께하는 시간 속에 숨겨진 보석을 더 열심히 찾아내려고 해야 한다. 행복한 육아는 결코 돈과 비례하지 않는다. 아이와 함께 지내는 순간순간의 모든 경험을 기꺼이 껴안으며 그 속에서 기쁨과 행복을 찾고자 하는 마음만 있으면 우리는 누구나 행복한 부모가 될 수 있다.

2012년 1월

차례

첫 번째 이야기

자연스럽고
평화로운
출산

내 몸과 삶을 믿을 때 아이는 우리를 선택한다

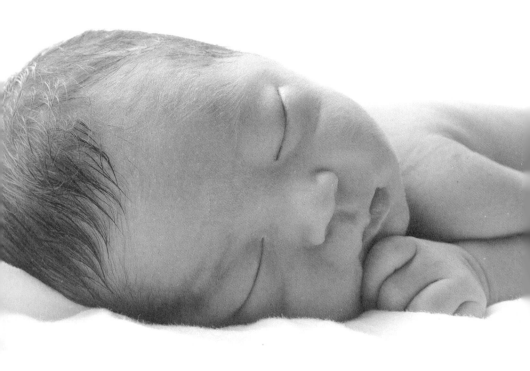

"살아는 있네요"라니!

...

내게 중요한 것은
병원이 산모에게 어떤 것을 해주는가가 아니라,
어떤 것들을 하지 않는가 하는 것이었다.

첫아이를 임신하고 3개월쯤 된 이른 아침, 하혈을 했다. 뱃속의 아이가 잘못되었을까봐 두려움에 덜덜 떨며 종합병원 응급실을 찾았다. 밤새 온갖 위급 환자들과 씨름하느라 지친 의사와 간호사들이 나를 맞았다. 젊은 의사의 문진이 끝나자 간호사는 수액을 맞아야 한다며 링거 주사기를 들고 왔다.

"왜 이걸 맞아야 하나요?"

"소파수술을 받게 될 경우를 대비해서 이것부터 맞으셔야 해요."

아이가 무사한지부터 빨리 확인하고 싶은데 그들은 벌써 소파수술할 경우에 필요한 조치를 취하라고 다그치고 있었다. 나는 충격을 받았고, 마음 깊이 분노했다. 만약 아이가 무사하다면 뱃속에서 이 소리를 듣고 얼마나 놀랐을 것인가.

내 안에 있는 생명은 절대로, 만약 잘못되었을 경우 간단하게 긁어낼 수 있는 핏덩어리가 아니었다. 그 아이는 내 생명과 다름없었다. 설령 잘못되었을지라도 그런 식으로 바로 수액을 맞고 소파수술을 받지는 않을 것이다. 나는 뱃속의 아이와 나눈 행복한 시간에 대해 고마움을 전하고 미안함과, 슬픔, 또 다시 만날 인연을 얘기하며 마음을 정리한 후 수술을 받을 것이다. 그들에겐 어이없을지 몰라도 이것이 내가 살아가는 방식이다. 그러나 어떤 의사와 간호사도, 뱃속의 아이가 잘못되었을지 몰라 두려움과 슬픔에 빠져 있는 산모의 마음을 읽어주는 이가 없었다.

한참을 기다려 여의사가 내진을 하고, 또 한참을 기다려 남자의사 앞에 누워 초음파 검사를 받았다. '적출물'이라고 적힌 쓰레기통이 놓여 있는 초음파 검사대 위에 올라가던 순간의 두렵고 슬픈 기분은 말로 표현할 수가 없다. 만약 뱃속의 아이가 잘못되었다면, 한때 내 생명과 다름없던 그 아이는 그들에게 그저 처리해야 하는 '적출물'일 뿐이었다.

"살아는 있네요." 남자의사는 무덤덤한 표정으로 말했다. 아. 그 한 마디를 듣기 위해 나는 응급실에서 몇 시간이나 두려움에 떨면서 여러 의사와 간호사들에게 비슷한 질문과 거친 내진을 받아야 했다. 의사는 이런 경우에도 의료적으로는 유산의 일종으로 보기 때문에 입원을 하고 안정을 취해야 한다고 했지만, 나는 고개를 젓고 병원을 나섰다.

"저희 병원에서 출산하지 않으실 거죠?"

의사는 다시 물었다. 물론, 나는 그런 비인간적인 의료 환경에서 새 생명을 낳고 싶지 않았다. 고개를 저었더니 그들은 각서를 쓰고 가라 했다. 앞으로 일어나는 어떤 일도 본인의 책임이라는 각서를 쓰고 병원을 나왔다. 지옥과 천국을 오간 기분이었다.

회사를 쉬고 집으로 들어와 남편이 깔아준 요 위에서 잠이 들었다. 잠에서 깨어났을 때, 남편은 마루 위에 놓인 커다란 항아리에 무언가를 열심히 심고 있었다.

"수련이야. 동대문에서 사왔어. 잘 가꾸면 내년 여름에 꽃을 볼 수 있대. 우리, 뱃속의 아이를 '연이'라고 부르자. 당신은 몸 안의 '연이'를 키우고 나는 몸 밖의 '연이'를 키울게. 우리 연이가 태어날 무렵에 꽃을 피울 수 있을 거야."

그날부터 우리는 뱃속의 아이에게 '연이'라 부르기 시작했고 남자아이든 여자아이든 연꽃처럼 맑고 기품 있는 아이가 되기를 기도했다.

우리 부부는 친정언니의 출산을 도와주었던 조산사 선생님이 계시는 부천의 열린가족조산원에서 아이를 낳기로 결정했다. 첫아이를 산부인과가 아닌 조산원에서 낳겠다고 했더니 주위에서 걱정이 대단했다. 그러나 내게 중요한 것은 병원이 산모에게 어떤 것을 해주는가가 아니라, 어떤 것들을 하지 않는가 하는 것이었다. 나는 회음절개, 마취, 관장, 면도, 링거, 태아 감시장치, 제왕절개, 하다못해 침대도 사용하지 않는 곳, 조산원을 선택하기로 했다. 물론 조산원에서 아이를 낳다가 응급상황이 생기면 병원으로 달려가야 하는 경우가 생길지도 모르지만 나는 내 몸과 내 안의 생명을 믿기로 했다.

그리고 10년을 이어온 회사 생활을 접었다. 결혼 후 왕복 세 시간이 되어버린 출퇴근 시간과 과중한 업무 스트레스가 연이에겐 무리가 되었음을 받아들였다. 지금은 오직 이 생명을 위해서 살아야 하는 때임을 깨달았다. 아무런 갈등 없이 기쁘게 이 모든 과정을 받아들였다.

조산원에서 낳은 첫아이

...

태지로 범벅된 작은 생명과 첫 눈맞춤을 했을 때
어떤 일이 있어도 이 생명을 포기하는 일은
없으리라는 것을 알게 되었다.

예정일이 6월 9일이었는데 아기는 소식이 없었다. 걱정은 되지 않았
지만 아기가 너무나 보고 싶었기에 조바심 나는 마음을 다스리며 출산
을 촉진시키려고 날마다 아파트 뒷산 약수터를 오르내렸다. 산길에서
만난 어르신들은 만삭의 산모를 보고 길에서 애 낳겠다고 걱정하셨지
만 아기는 좀처럼 나올 기미를 보이지 않았다.

그러기를 9일째, 남편이 출근 준비를 막 끝낸 오전 일곱 시쯤, 양수
가 터졌다. 그리고는 바로 극심한 진통이 찾아왔다. 출산 준비물을 챙
겨서 부천의 조산원으로 달려가는 동안 양수는 계속 흘렀다. 40분 만
에 조산원에 도착했을 때는 이미 자궁문이 절반이나 열려 있었다. 헐
렁한 옷으로 갈아 입고 진통을 위해 평소에 교육실로 사용하는 넓은

방으로 들어갔다. 두 명의 조산사들이 내 곁을 지키며 허리, 팔, 다리를 부드럽게 쓸어주면서 격려해주었다. 나는 커다란 짐볼을 안고 진통을 견뎠다. 남편은 안쓰러운 표정으로 지켜보며 손을 잡아주었다. 진통은 급격하게 진행되었다.

산고의 고통이라고 했던가. 통증은 격렬하고 무서웠다. 순식간에 온몸을 휘감아 정신을 아득하게 했다. 자궁문이 완전히 열릴 때까지, 아기가 서서히 자신의 부드러운 두개골을 겹쳐가며 내 골반 크기에 맞추어 진입하는 동안 통증은 몸을 압도하고 의식마저 뒤흔들었다. 생으로 온몸의 뼈를 늘리고 벌리는 고통을 느끼는 동안 나는 비로소 무서워졌다. 그동안 출산을 위해 충분하게 몸과 마음을 준비했다고 자부해왔지만, 진통은 순식간에 이런 생각을 무력하게 만들었다. 옆에 있는 남편은 붉어진 눈으로 나를 지켜보며 말없는 격려로 나를 붙들어주었고 그 눈빛에 의지해서 진통을 견뎠다.

드디어 자궁문이 다 열리자 아이를 낳을 온돌방으로 옮겨졌다. 남편이 뒤에서 나를 안고, 나는 두 손으로 남편을 붙잡은 자세로 다리를 벌리고 마지막 힘을 다해 아기를 밀어내기 위해 애를 썼다. 아기 머리가 보이기 시작한다는 말이 들렸다. 마침내 한순간 의지와 상관없이 어찌할 수 없는 강력한 진통이 나를 압도하며 저절로 회음에 힘이 주어지더니 폭발하듯 한 번에 아기가 빠져 나왔다. 회음부가 아기의 머리 크기까지 벌어지도록 호흡을 조절할 사이도 없이 9일이나 기다린 아기는 마치 더 이상 기다릴 수 없다는 듯이 생살을 찢고 나와버린 것이다.

아기의 울음소리가 들리는 순간 누군가 가슴 위로 아기를 올려놓았다. 아기의 머리는 산도의 압력으로 눌려져 있고, 두 눈은 부어 있었다. 태지와 양수로 범벅이 되어 마치 고단한 일을 막 끝낸 것 같은 표정으로 아이가 나를 바라보았다. 힘겹게 눈동자를 움직이며 땀과 눈물로 얼룩진 내 눈을 바라보는 아기를 마주한 순간 나는 아기가 예쁘다는 생각보다는 드디어 고통이 끝났다는 안도와 아이에 대한 연민을 느꼈다. '나만큼 너도 고생했구나.' 힘든 시간을 함께 견디어낸 동지애 같은 고마움과 감사였다.

　첫아이를 낳으면서 나는 생살을 찢는 고통이 어떤 것인지 알 수 있었다. 뼈 마디마디에 정을 박고 누군가 망치로 내려친다면 출산의 고통에 비할 수 있을까. 그만큼 내가 살아온 모든 힘을 다해 맞서야 했던 어마어마한 고통이었다. 그 고통을 생생한 의식으로 모두 견디어낸 후에 아기를 안았을 때 이제 세상에서 내가 견딜 수 없는 일들은 없다는 것을 알아버렸다. 그 모든 과정을 처음부터 끝까지 곁에서 함께해준 남편의 눈과 마주쳤을 때 어떤 일이 있어도 이 사람을 저버리는 일은 없으리라는 것을, 태지로 범벅된 작은 생명과 첫 눈맞춤을 했을 때 어떤 일이 있어도 이 생명을 포기하는 일은 없으리라는 것을 알게 되었다. 그 순간, 우리는 가족이라는 평생 깨어지지 않을 뜨거움으로 연결되었음을, 그 엄청나고 준엄한 운명으로 엮어졌음을.

두려움을 부추기는
출산 문화

. . .

아이를 낳는다는 것은 참으로 특별하고 귀한 경험이며
그것은 마치 다시 태어나는 일과도 같다.

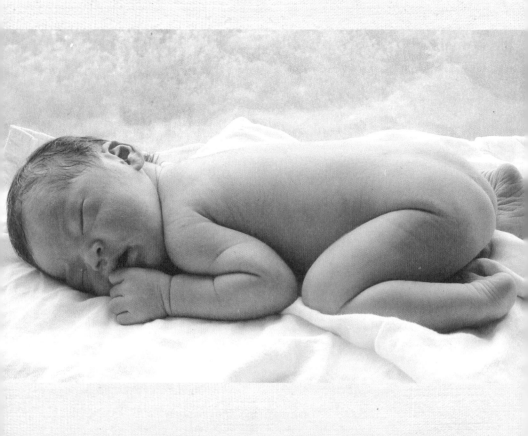

아이를 낳은 그 순간부터 젖을 물리고 기저귀를 갈며 엄마로서의 첫 날들이 시작되었다. 엄마로서, 아빠로서의 역할은 하루도 미루어지지 않았다. 자연분만, 모유수유, 천기저귀, 태어난 첫날부터 함께하는 남편의 육아 참여, 그것이 조산원의 원칙이었다. 조산원에서 조리한 열흘 동안, 그곳의 아빠들은 휴가를 내어 아내와 함께 조산원에 머물면서 아내가 식사를 할 때 아이를 안아주고, 아내에게 젖을 물리는 것을 도와주며 밤에도 몇 번이고 일어나 고단한 아내 대신 서툴게 기저귀를 갈았다. 우리 남편 역시 그렇게 했다.

일반적인 산후조리 과정은 아기와 엄마, 아빠를 분리시키는 구조다. 병원에서 태어난 아기는 바로 신생아실에 보내지고 엄마는 링거를 맞으며 환자처럼 대우받는 동안 이따금씩만 자신의 아이를 안아보다가 병원에서 나오면 바로 산후조리원으로 향한다. 전문가들이 알아서 아이를 봐주는 곳에서 편안하게 대우받다가 집으로 돌아오면 그때부터 어린 아기를 어떻게 다루어야 할지 막막하고 두려운 상태에서 덜컥 엄마노릇을 시작하게 된다.

조산원에서 보고 들은 바로는, 아이의 첫날과 부모로서의 첫날을 함께 경험한 가족들에게서는 육아 스트레스가 적고 엄마들의 산후우울증도 거의 찾아볼 수 없다고 한다. 아마도 자신의 힘으로 출산을 해냈다는 자신감, 산후조리 기간 동안 아이와 분리되지 않은 경험이 육아로도 이어져 아이를 키우며 맞닥뜨리는 수많은 어려움들을 씩씩하게 헤쳐 나가게 되는 것이리라.

조산원에서 만난 많은 부부들은 예비부모교육에 참가하고, 먼저 출산을 경험한 산모의 생생한 경험담에 귀를 기울이고, 부부가 함께하는 출산 과정을 영상으로 보면서 부모 되는 일에 대해 많은 준비와 공부를 하고 있었다. 나와 남편 또한 그렇게 부모 될 준비를 했다. 이런 과정을 거쳐 대부분 일생에서 가장 행복하고 감동적인 출산을 경험했고, 첫 출산을 수월하고 행복하게 맞이한 부부의 경우 둘째를 갖겠다고 마음먹는 경우가 많다.

아이를 가진 엄마들은 대부분 태교에 많은 관심을 기울이지만 정작 가장 중요한 출산의 과정과 원리에 대해서는 알고자 노력하지 않는다. 출산은 그저 병원에서 의사들이 알아서 해주는 것이라 생각하는 모양이다. 출산을 전적으로 병원과 의료진들에게 의지하고 맡기는 산모는 출산이 다가올수록 두렵고 불안하다. 내 몸에 어떤 일이 생길지, 출산이 어떻게 이루어질지 모든 게 무섭고 막막하다.

자연적으로 이루어지는 출산의 주체는 아이다. 촉진제나 유도제, 마취제, 회음절개 같은 인위적인 처치가 가해지지 않는 상태에서 태아는 자신이 언제 몸 밖으로 나와야 하는지를 결정한다. 엄마는 다만 온 힘으로 산도를 밀고 나오려는 아이의 노력에 부응해주며 그 과정을 함께 돕는다.

그러나 대부분의 산모가 경험하는 출산과정에서 아기는 제힘으로 나오지 않는다. 아기가 보이는 순간 의료진은 재빠르게 최대한 아기가 빨리 나올 수 있도록 모든 조치를 다 취한다. 회음부를 벌리고, 아이를 당기고, 산모 배를 누르며 출산이 빨리 이루어지는 것에만 집중한다. 아기의 내면에 새겨진 순서와 시간표는 결코 지켜지지 않는다. 이 과정에서 산모는 출산을 시작하고 완성하는 주체로 전혀 존중받지 못한 채 그저 무지하고 수동적인 존재로 전락한다.

나는 의료진의 지시를 받는 무력한 산모가 아니라, 출산의 모든 과정을 생생한 의식으로 감당하며 태아와 하나가 되었고, 내 몸의 모든 상태를 느끼고 조절해가는 출산의 주인공이 되었다. 이처럼 출산의 모든 과정을 산모가 생생한 의식을 가지고 이루어내는 일은 중요하다. 엄마가 극한의 진통을 온전하게 겪어내며 한 생명을 낳는 일은, 그 이후의 기나긴 삶 동안 아이를 키우면서 겪게 되는 육체적 정신적 고통들을 견딜 수 있는 힘을 새겨주는 일이다. 내 몸을 믿지 못하고 출산의 모든 것을 의료 시스템에만 맡긴다면 출산의 고통이 주는 커다란 선물과 의미를 제대로 알 수 없게 된다.

내 몸을 믿지 못하게 아이와 산모를 분리시키는 출산 문화 뒤에는 거대하게 산업화된 출산 시스템이 있음을 알아야 한다. 출산이 예정일에서 하루 이틀만 늦어져도, 양수가 먼저 터지기만 해도 호들갑을 떨며 산모를 두려움에 떨게 한다. 온갖 산전검사들은 또 어떠한가.
나는 병원에서의 출산이 모두 나쁘다고 얘기하는 것이 아니다. 다만 불안에 떨며 의료 시스템이나 전문가에 의지하기 전 제 몸과 생명의 힘을 먼저 믿어야 한다는 이야기를 하고 싶은 거다. 나는 내가 경험한 출산이 커다란 행운과 축복이었음을 안다. 세상에는 이런 출산이 가능하다는 것조차 모르는 산모들이 너무 많아 안타깝다.

개인적으로는 병원에 비해 조산원의 장점이 많다고 생각하지만 만약 병원을 선택하더라도 몇 가지는 고려해보았으면 좋겠다. 우선 산모와 신생아가 떨어져 지내는 곳보다 함께 지낼 수 있는 곳을 찾아야 한다. 출생 후 24시간을 함께 지낸 산모와 아기는 훨씬 더 쉽게 애착이 형성되고 이후의 관계도 수월해진다. 특별한 문제가 없다면 분만촉진제를 맞는 일에도 신중해야 한다. 엄마의 몸에는 출산을 촉진하는 호르몬이 분비된다. 분만촉진제는 인공적으로 만들어진 합성호르몬이다. 산모와 태아의 몸에 좋을 리가 없다. 가능하다면 산모와 태아의 인권에 더 많은 관심을 기울이는 병원을 찾는다면 좋겠다.

출산은 병원에서만 이루어진다는 고정관념은 변해야 한다. 산모의 철학과 가치관, 건강, 믿음에 따라 자신이 원하는 출산 방법을 선택할 권리를 누릴 수 있어야 한다. 그러기 위해서는 병원 이외의 곳에서 이루어지는 출산에 대해 더 많은 정보가 알려져야 하며 그 일에 나의 경험이 작은 도움이라도 되기를 늘 바라고 또 바란다.

부디 아이를 가진 모든 엄마들이 출산의 공포보다는 출산의 감동을 맛보길 소망한다. 아이를 낳는다는 것은 참으로 특별하고 귀한 경험이며 그것은 마치 자신이 다시 태어나는 일과도 같기 때문이다.

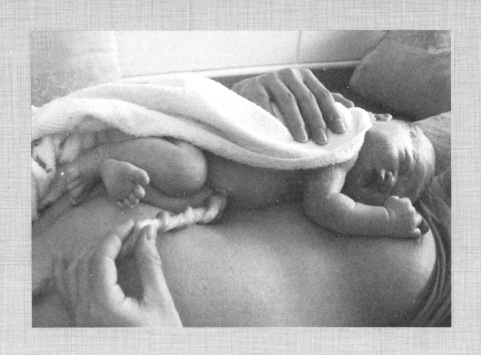

조산원이라 하면 대개 낡고 열악한 시설에 나이 많은 산파가 있는 풍경을 상상한다.

옛날에는 그런 조산원이 많았지만 오늘날 조산원은 전혀 그렇지 않다.

출산을 돕는 조산사들은 간호사 자격증을 딴 후 다시 조산사 교육을 받은 전문가들이며,

조산원은 산모가 편안하고 자연스럽게 출산할 수 있는 시설을 갖추고 있다.

회음절개, 마취, 관장, 면도, 링거, 태아 감시장치, 제왕절개를 하지 않는 등

조산원의 장점은 수없이 많지만 가장 중요한 것은

산모의 감정과 상태를 최대한 존중한다는 점이다.

조산원에서는 조산사의 의료적 개입을 최소한으로 줄이고

산모와 태아의 힘으로 출산이 이루어지도록 한다.

분만비는 의료보험 적용을 받아 무료이며 숙식비는 조산원마다 차이가 난다.

전국에 있는 조산원 수는 대략 15군데이며 각 지역의 조산원 정보는

www.midwife.or.kr에서 찾을 수 있다.

여자,
엄마가 되다

• • •

지금의 나는 언젠가 만날 아이의 바탕이 된다는 것,
내가 그 생명의 첫 우주이자 집이라는 사실이 확 다가왔다.

결혼 2년 전인 2000년 1월 24일. 일주일간의 휴가를 얻어 혼자만의 여행을 떠났다. 동해안 낙산사 근처 속초유스호스텔을 예약하고 배낭에 코펠과 버너, 쌀, 밑반찬, 그리고 포도주 한 병을 챙겨 넣고 출발했다. 새천년이 시작되었다며 출렁거리던 새해, 나는 공식적으로 막 서른이 되었다. 다사다난했던 20대를 정리하고 30대의 날들을 계획해보자며 나름 비장하게 떠난 여행이었다. 버스는 눈보라 치는 길가 정류소에 나만 덜렁 내려놓고 떠나버렸다. 1층 102호, 창밖으로 눈을 이고 있는 언덕과 소나무가 보이는 방에 짐을 풀었다.

일어나보니 밤새 내린 눈은 60센티나 쌓여 있었다. 십 년 만의 대설로 대관령과 한계령이 막혔다는 뉴스가 들려왔다. 강원도로 이어지는 모든 길이 끊겨 예약이 모두 취소되는 바람에 나는 그 건물에 투숙한 유일한 손님이 되어버렸다. 눈 속에 갇혀 작고 낡은 방에서 혼자 밥을 끓여 먹고, 이따금 온통 눈으로 덮인 낙산 바닷가를 걸었다. 눈 쌓인 산은 본 적이 있지만 눈 쌓인 해변은 처음이었다. 눈 위에 뒹굴고 하염없이 걸으면서 내 나이와 미래를 생각했다. 걸어온 발자국을 카메라에 담고, 눈 위에 누운 모습을 찍으면서 멀리 떠나와도 두고 올 수 없는 고독을 들여다보았다. 그리고 그날 밤 늘 가지고 다니는 일기장 첫머리에 문득 이렇게 썼다.

'아가야…'

깜짝 놀랐다. 전에는 한 번도 떠올려보지 않았던 단어였다. 마음을
나누는 친구 이름을 편지에 쓰거나 내 이름을 부르며 일기를 쓰긴 했
지만 아가라니… 아가라니…. 어디서 갑자기 '아가'라는 말이 떠올랐을
까. 그러나 '아가야'를 부르고 나자 갑자기 따스한 무언가가 내 안에 채
워졌다. 그건 아직 만나지 못했지만 언젠가는, 삶에서 언젠가는 만나게
될 내 아이를 향한 애정과 그리움이었다. 나를 닮은 아기가 맑고 천진
한 눈망울로 품안에서 나를 보고 있는 느낌이 들었다. 왈칵 눈물이 고
였다. 그날 밤 봇물이 터진 것처럼 미래에 만날 아이를 부르며 끝없이
긴 이야기를 적고 또 적었다.

20대의 날들은 힘겨웠다. 늘 나를 상하게 하는 사랑에 매달렸고 번번
이 상처를 입었다. 상대방의 기준과 가치에 연연하는 사랑은 늘 불안하
게 흔들리고 왜곡되고 뒤틀렸다. 상대방이 원하는 모습으로 자신을 만
드는 데 매달리는 동안, 나는 나를 진심으로 사랑할 수 없었다. 자신
을 사랑하지 않는 사랑은 결국 상처만 주고 만다는 것을, 몇 번이나 반
복되는 똑같은 결과에도 깨닫지 못했다. 사는 게 무서웠다. 누구한테도
사랑받지 못하고, 결혼도 못하고, 자상한 남편과 사랑스런 아이들이 있
는 따스한 가정을 평생 못 가져보고 늙어갈 것만 같은 무서운 절망이
나를 삼켰다.

다른 사람의 눈에는 언제나 쿨하고 명랑하고 재미있는 사람이었지
만, 내 본모습은 늘 위태롭고 흔들리며 자학과 연민에 빠져 있었다. 그

런 자신을 이해하고 용서하고 내 안의 힘을 기르고 싶어 떠난 여행이었다. 그런데 그 밤, 문득 터져 나온 '아가'라는 말은 나를 떨게 했다. 언제일지 모르지만, 지금은 이렇게 부족하고 모자라고 상처투성이고 나약한 사람이지만, 미래의 언젠가는 이런 나를 온 존재로 사랑하고 따르고 바라보는 한 생명의 엄마가 된다는 것을 깨닫게 했다. 그 생명에게는 내가 나인 것으로 충분한, 세상에서 하나뿐인 가장 소중한 사람일 것이라는 깨달음이 나를 떨게 했다. 사랑하고 상처받고 자학하고 애쓰며 살아오는 동안 이런 생각을 해본 적은 없었다.

모든 것이 그날 밤 다가왔다. 지금의 나는 언젠가 만날 아이의 바탕이 된다는 것, 내 건강과 기억, 감정과 정서 위에 한 생명이 첫 뿌리를 내리고 자라날 것이라는 자각, 내가 행복하면 그 생명도 행복하고, 내가 건강하면 그 생명도 건강할 것이라는 믿음, 내가 그 생명의 첫 우주이자 집이라는 사실이 확 다가왔다.

'내 안에 있는 이 우주, 이 세계를 돌보고 아끼고 사랑하는 일. 이것이 언젠가 만날 너를 위해 지금 내가 할 일이다. 나는 네 영혼의 집이다. 할 수 있는 한 최선을 다해 이 집에 있는 어둡고 그늘진 곳을 열고, 들여다보고, 밝은 햇빛을 들일 것이다. 아가야… 눈 내리는 깊은 밤, 고요한 세상 한가운데 서서 네 이름을 부른다. 따스함과 부드러움을 마음 가득 품어본다.'

이런 글들을 일기장에 적어가면서 내 온 존재를 채워오는 한 생명을 느꼈다. 언젠가 만날 생명에게 좋은 엄마가 되고 싶었다. 그 겨울의 며칠, 눈 쌓인 작은 공간에서 나는 미래의 아이와 함께 지냈다. 외로울 때마다 그 아이를 부르며 일기를 썼다. 여행에서 돌아와서 다시 일상을 시작한 후에도 흔들리고 약해질 때마다 그 생명을 떠올리는 것이 나를 견디게 하고, 다시 중심을 잡게 했다. 언제 결혼을 해서 아이를 가질지는 모르지만 건강한 엄마가 되고 싶었다.

서른한 살 봄에 마라톤을 시작했고, 그해 가을 춘천에서 풀코스를 완주했다. 다섯 시간이 넘게 달려 골인을 하는 순간, 나는 미래의 아이를 불렀다. 그리고 다음해 봄, 남편을 만나고 3개월의 연애 끝에 결혼을 했다. 그 가을에는 첫아이를 가졌다. 내 안의 생명과 처음 만난 날 이후부터 모든 일들이 실타래처럼 자연스럽게 풀려나갔다. 이윽고 나를 돌아봤을 때는 젊은 날 그토록 불안에 떨고 의심하면서도 간절히 원하던 모든 것들이 이미 내게 와 있었다.

이듬해 6월에 세 시간의 진통 끝에 첫아이를 가슴에 안았을 때 주름진 작은 눈을 떠서 나를 바라보는 아이를 보며 '너였구나. 그 겨울에 나를 찾아왔던 생명이 너였구나.' 눈물을 흘렸다. 첫아이 필규는 서른이 되는 그 겨울의 여행에서부터 이미 내 안에 있던 생명이었다. 10년 전, 미래에 대한 불안을 안고 홀로 겨울 여행을 떠나 언젠가 만날 아이를 생각하며 고독을 견디던 처녀는 어느새 엄마가 되었다.

엄마가 되어봐야
비로소 철이 든다

• • •

세상 모든 엄마들의 한없는 수고를 생각하며 울었다.
그리고 내가 그런 엄마가 되었다는 사실에 울고 또 울었다.

아이를 낳고 한 달을 밤마다 울었다. 애 키우는 일이 이렇게 힘들 줄
몰랐다. 날 때부터 덩치가 크고 쉽게 잠들지 못하는 아이라서 재우려면
밤마다 무거운 아이를 안고 마루를 서성여야 했다. 그렇게 간신히 재워
놓으면 금방 깨서 자지러지게 울었다. 다시 안고 어두운 집안을 돌아다
니며 나도 같이 울었다. 애 키우는 일이 힘들고 막막해서 무섭고 두려
웠다.

아이는 별안간 몸을 떨며 숨넘어갈 듯 울어대곤 했는데 도대체 왜
우는지 알 수 없었다. 그때마다 초보 엄마인 나는 가슴을 졸이며 애를
달래고 어르고, 안았다가 뉘였다가 정신이 없었다. 아픈 걸까, 어디가
잘못된 걸까, 아이가 울면 겁부터 났다. 어떻게 해야 할지 몰랐다. 아

이는 내가 도무지 이해할 수 없는 낯설고 두려운 핏덩이였다. 그렇게 정신없고 겁나는 밤을 보내고 기진맥진해져서 새날이 밝으면 또 길고 긴 하루를 아이와 함께 지내야 한다는 사실이 아득했다. 너무 예뻤지만, 아이를 알아가고 보살피는 일은 하루하루 도전이고, 막막한 숙제였다. 잠을 너무 안 자도 무서웠고, 너무 오래 자도 겁이 났다. 열이라도 나면 정신이 다 아득해지고, 무른 똥을 싸도 철렁했다. 아이 하나가 적셔내 놓는 기저귀가 이렇게 많은 것에도 놀라곤 했다.

남편이 출근한 뒤 아이랑 씨름하다가 혼자서 펑펑 울고는 친정에 전화를 걸었다.

"엄마…, 엄마는 우리를 어떻게 길렀어?"

"갑자기 무슨 소리냐?"

"애 하나도 이렇게 키우기 힘든데, 엄마는 쌍둥이인 우리를 어떻게 길렀냐고. 그때는 세탁기도 없었고 기저귀도 몇 개 없었다면서…."

"아이고, 어떻게 길렀는지 생각도 안 난다. 기저귀야 하나 적셔내면 우물가로 달려가서 빨아 널고, 또 하나 젖으면 달려가서 빨고 하면서 키웠지."

"그러니까, 그렇게 힘들었는데 어떻게 키웠냐고…."

이렇게 말하면서 나는 또 울었다.

"엄마, 애 키우는 게 왜 이렇게 힘들어? 나만 힘든 건가? 엄마는 안 힘들었어?"

"힘 안 들고 어떻게 애를 키우냐! 애 낳고 보니까 엄마 생각이 나든?"

엄마는 첫딸을 낳고 일 년이 채 되기도 전에 딸 쌍둥이를 낳으셨다. 어려서 조실부모한 가난한 아빠를 만나서 어렵게 시작한 결혼 생활이었으니 모든 것이 다 궁핍했을 것이다. 첫딸이야 살림 밑천이라고 했으니 귀엽고 귀했겠지만 바로 또 딸 쌍둥이를 낳았을 땐 키울 일이 막막해서 두 분이 밤새 울었다는 얘기를 들었다.

젖이 일찍 떨어진 큰딸은 온종일 울고 또 울어대는데 꼬물거리는 쌍둥이는 수없이 기저귀를 적셔내니 잠시인들 쉴 틈이 있었을까. 외할머

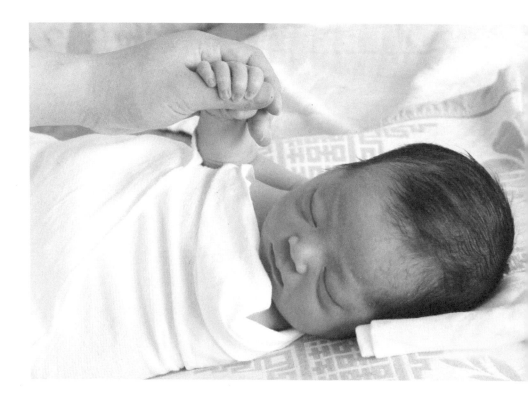

니가 도와주셨다고 하지만 엄마의 고생은 말할 수 없었을 것이다. 아이들이 아프기도 했을 텐데, 그런 밤은 또 어떻게 견뎠을까. 아이 하나 생으로 몸을 열고 낳는 일도 이렇게 죽을 듯 힘이 드는데 엄마는 집에서 쌍둥이를 어떻게 낳았을까. 몸조리나 제대로 했을까. 두 아이에게 어떻게 젖 물리고, 같이 아프기라도 하면 어떻게 돌봤을까.

아이를 낳기 전까지는 이런 생각을 해본 적이 없었다. 엄마와 그렇게 오래 같이 살았으면서도 엄마의 고생이나 애쓰는 것들은 알지 못했다. 나는 그저 늘 잘 안 풀리는 내 연애나 일들, 미래에 대한 고민 따위를 붙들고 살았다. 그러다가 늦은 나이에 결혼해서 덜컥 엄마가 되고 보니 애 키우는 모든 것이 어렵고 힘들었다. 경제적으로 어려운 것도 아니고, 편안한 아파트에서 갖가지 가전제품을 사용하면서 애 하나 키우는 것인데도 세상에서 내가 가장 힘든 사람같이 느껴진다. 이런 환경에서도 아이 키우는 일이 이렇게 힘든데 엄마는 그 가난하고 궁핍했던 시절에 세 아이를 어떻게 한꺼번에 키우셨을까. 생각할수록 기막혔다. 우리를 낳았을 때가 불과 서른 안팎이었을 그 시절 엄마의 고생과 수고가 30여 년이 지난 지금에서야 생생하게 실감이 난다.

엄마가 가엾고 고마워서 나는 전화기를 붙들고 엉엉 울었다.

"엄마, 이렇게 키우느라 얼마나 고생하셨어. 정말 고마워요. 이제껏 우리들 키워온 게 당연한 일인 줄만 알았는데, 세상에나… 엄마, 얼마나 힘드셨어요?"

느닷없이 전화를 걸어 펑펑 우는 딸의 철없는 인사를 받으며 엄마도 같이 우셨다.

"그래도 너희들이 많이 도와줘서 힘든 줄 모르고 키웠지. 너희들이 잘 커줘서, 그래서 키운 거지."

결혼 전에 부모님과 같이 살 때 난 그다지 살가운 딸이 아니었다. 마음은 누구보다 부모님을 염려하고 생각하고 있었지만 왠지 어색해서 표현도 잘 못했고, 부모님 앞에서 편안한 낯도 자주 보여 드리지 못하는 딸이었다. 그러던 내가 아이를 낳고 엄마가 되고서야 눈이 떠진다. 아들을 낳은 엄마가 되고 보니, 세 아들만 두신 시어머님이 훨씬 더 잘 이해된다. 시댁에 가는 일이 여전히 불편하고 힘들지만, 내가 만약 시어머님이라 해도 도시에 사는 자식이 얼마나 보고 싶을지 짐작해보면 마음이 움직이게 된다. 아이를 낳고서야 비로소 철이 든 것이다.

이날 나는 여섯 아이를 낳고 키워오신 내 엄마를 생각하며 울었고, 세상 모든 엄마들의 한없는 수고를 생각하며 울었다. 그리고 내가 그런 엄마가 되었다는 사실에 울고 또 울었다. 엄마가 되고 서야 비로소 울 엄마를 다시 만났다.

내 몸과 삶을 믿을 때
아이는 우리를 선택한다

· · ·

약물과 검사와 의사의 판단에 의존해서
아이를 갖게 하는 과정은
점점 몸에 대한 불신만 키워주었다.

꼭 이태 동안 젖을 먹이고 필규 젖을 떼자마자 바로 둘째를 기대했다. 그러나 아이는 금방 내게 오지 않았다. 가을이 가고, 해를 넘기고, 서른일곱이 되면서 조금씩 조바심이 일기 시작했다. 마침내 산부인과 불임클리닉을 찾아 3개월간 배란 유도제를 복용하고 매달 초음파를 찍어가며 둘째를 기다렸다. 그러나 아이는 오지 않았다.

처녀 적부터 나는 생리주기가 무척 불규칙했다. 여고시절엔 일 년에 두 번만 하던 때도 있었다. 그러던 것이 결혼하고는 내리 세 달을 순조롭게 생리를 하더니 필규를 가졌다. 내 인생에 처음 있던 일이다. 그러나 젖을 뗀 이후로 생리는 다시 불규칙해졌다.

처음 찾아간 산부인과에서 '배란 장애'라고 결과를 알려주던 여의사가 "한마디로 말해서 쉽게 임신이 안 된다는 뜻이죠." 하며 퉁명스럽게 던진 말에 나는 몹시 절망했다. 내담자의 문제와 감정에 무심한 그 병원은 다시 찾지 않았다. 다시 찾아간 산부인과는 의료진 모두가 친절하고 섬세하게 내담자를 다루었으나 약물과 검사와 의사의 판단에 의존해서 아이를 갖게 하는 과정은 점점 몸에 대한 불신만 키워주었다.

3개월 동안 병원을 다니다가 문득 깨달았다. 생명이란 결코 병원에서 만들어주는 것이 아니라는 것을. 병원에 다니는 기간이 길어지는 만큼 의료진과 인위적인 방법에 대한 의존만 커지고 내 몸과 삶에 대한 자신감과 신뢰를 잃어가는 느낌이었다. 이것은 내가 살아온 방식과도 맞지 않았다. 병원 다니는 일을 그만두고 내 몸과 삶을 믿기로 했다. 내 삶에 또 다른 아이가 있다는 사실을 의심해본 적이 없었고 그 생명은 언제든 내게 올 것이라 확신하고 있었다.

약물이 몸의 호르몬들을 좌우하고, 기계가 몸의 가장 깊은 곳을 들여다보는 일에서 자유로워지자 그동안 품어온 소망들에 훨씬 가까이 갈 수 있었다. 날짜를 생각하지 않고 남편과 사랑을 나누고, 바쁜 일상 속에 묻혀서 하루하루 수많은 변화와 선택들을 누렸다. 그 사이 집을 사고 수리해서 이사를 했다. 한동안 몸은 무척 고단했으나 마음은 기쁘고 설레던 나날이었다. 둘째아이는 그런 날들 속에 가만히, 아주 조용히 내 안에 들어와 있었다. 태명을 '봄'이라고 지었다. 3월에, 새 봄에 태어나는 생명이므로 '봄'이라 했다. 봄처럼 강하고 화사하고 굳세게 인내하는 아름다운 생명일 것이다.

첫아이를 임신하고 병원이 아닌 조산원에서 낳기로 계획했을 때 아이를 받아주실 조산원 원장님은 임신 기간 동안 너무 편하게 지내지 말 것을 주문하셨다. 특히 막달에는 몸을 많이 움직이고 엎드려 방걸레질을 하거나, 쪼그려 앉아 빨래를 열심히 하라고 일러주셨다. 모두 태아의 위치를 좋게 해서 자궁에 순조롭게 자리잡는 것을 돕는 자세이므로 즐겁게 열심히 집안일을 하는 엄마가 진통도 수월하게 겪고 아이도 편하게 낳을 수 있다고 말씀하셨다. 그래서 임신 기간 동안 남편과 집안일로 옥신각신하며 스트레스를 겪지 않았다. 나는 남편에게 집안일을 의지하거나 미루지 않았고 막달까지 열심히 즐겁게 해나갔다. 그것이 나와 아이를 위한 일임을 이해하고 받아들였기 때문이다.

최근 들어 많은 산모들이 운동부족과 지나친 체중과다로 정상분만이 어려워지고 있다고 한다. 임신 중에 20킬로그램 이상 체중이 늘게 되면 산도에 지방이 끼어 정상분만이 어렵고, 수술을 해도 후유증이 오래 간다. 임신을 계기로 덜 움직이고, 많이 쉬고, 더 많이 먹는 습관이 이런 일들을 초래하는 것이다.

이따금 엎드려 걸레질을 하는 나를 지켜보던 남편이 "내가 해줄까?" 묻곤 한다. 그럴 때마다 나는 고개를 젓는다. 아이는 남편이 낳는 게 아니라 내가 낳는 것이다. 나는 지금 아이와 나를 위해 필요한 일을 할 뿐이다. 물론 힘들다. 몇 번씩 쉬고, 숨을 골라가며 해야 한다. 그러나 걸레질을 하면서 아이에게 얘기한다. "머리를 아래쪽으로 하고 위치를 잘 잡아줘. 그러면 너를 아주 편하게 맞을 수 있을 거야."

설거지를 하면서도 다림질을 하면서도 늘 이렇게 말을 건다. 쪼그려 앉아 빨래를 비비다보면 이 자세로 아이를 낳을 수도 있겠다 싶게 아래쪽으로 힘이 많이 들어간다. 그래서 예전엔 들일 하다가, 뒷간에서 볼일을 보다가도 아이를 낳는 일이 있었구나 이해가 간다. 아파트 생활을 많이 하는 요즘엔 정작 아이를 낳는 데 도움을 주는 근육들을 쓸 일이 없다. 그러다 보니 아이 낳는 일은 더 어려워지는 게 아닐까.

첫아이를 낳았던 조산원에 다니며 원장님과 가정분만을 준비하고 있다. 둘째아이를 집에서 낳기로 결정한 이유 중의 하나는 첫아이에게 동생이 태어나는 과정의 모든 순간들을 함께하고 동생이 생김으로써 오는 많은 변화들을 탄생의 그 순간부터 자연스럽게 겪게 하고 싶기 때문이다. 그 모든 과정 속에서 소외되거나 격리되지 않고 함께 겪는 다면, 생명에 대한 신비감과 동생에 대한 친밀감도 자연스레 생길 것이고, 이 모든 과정들이 첫아이에게 커다란 배움이 될 것이라 믿는다.

　나는 평소와 다름없이 집안일을 하고, 아이와 놀아주고, 글을 쓰고, 여행하며 출산을 준비하고 있다. 웃고, 움직이고, 일을 하는 일상 사이로 그저 때가 되어 쌀을 씻고 밥을 안치듯 아무렇지 않은 일처럼 아이가 스스로 와주기를 기다린다.

집에서 낳은 둘째아이

...

아이를 낳기 위해 가족 누구도
서로 떨어지지 않았고 분리되지 않았다.

일요일 밤은 비바람이 굉장했다. 바람소리를 들으며 남편과 옷장정
리를 하고, 기저귀며 신생아 옷을 꺼내놓았다. 그리고 그 밤, 다리 사
이로 양수가 조금씩 흘러나오고 있음을 알았다. 예정일은 2주 남아 있
었으나 드디어 '봄'이 내 몸의 문을 두드리기 시작했다는 것을 알 수
있었다. 생명은 그런 법이다. 모든 준비가 다 끝났을 때를 안다.

첫 진통이 찾아온 것이 새벽 2시 무렵, 창밖의 비바람은 한층 거세져
있었다. 두 번째 진통까지 기다리다가 조산원에 전화를 걸었다. 첫아이
를 세 시간 만에 낳았기 때문에 둘째는 더 빨리 진행될 것 같아 미리
전화를 드린 것이다. 원장님은 비바람을 뚫고 새벽에 달려와주셨다.

남편은 마루를 정리하고 아이 낳을 준비를 도왔다. 진통은 아주 서

서히 진행되었기 때문에 원장님과 나는 마루에 펴놓은 이불 위에 앉아 간단히 내진을 하고 책, 출산, 육아, 환경에 대해 이야기를 나눴다. 그리고 사이사이 진통이 지나가는 것을 함께 지켜보았다. 나는 마루와 침실을 오가며 걷고, 때로는 벽을 붙잡기도 하고, 때로는 침대에 누워서 천천히 내 몸을 통과해가는 진통을 감당했다. 원장님은 아주 이따금씩만 상태를 확인할 뿐, 거실에 앉아 음악을 듣거나 책을 보셨다. 누구도 불안해하거나 서두르지 않았으며, 누구도 염려하지 않았다. 필규는 침대에서 자고 있었고, 사방은 익숙한 공간이고, 사랑하는 사람들과 믿을 수 있는 숙련된 조산사가 곁에 있었다. 두려움 없이 다만 견디며 기다릴 뿐이었다.

그렇게 그 밤이 지나가고 오전 여덟 시가 되자 본격적인 진통이 찾아왔다. 마루에 펴둔 이불 위에 누워 진통을 겪는 동안 잠에서 깨어난 필규는 내 옆에서 뒹굴기도 하고, "엄마, 조금만 참으세요." 용기를 주기도 했다. 필규에게 비친 내 모습은 그저 평상시와 다름없는, 다만 아파하는 엄마일 뿐이었다. 엄마가 왜 아픈지 이해하고 있으므로 언제나처럼 명랑하고 즐거웠다. 첫 전철을 타고 친정엄마가 도착하셨다. 아이 여섯을 낳으신 엄마는 이번에는 집에서 아이를 낳는 딸을 지켜보신다.

아이가 내 몸을 밀고 세상을 향해 내려오는 시간을 견디는 일은 힘겹다. 두 번째라고 해서 진통이 덜해지는 것은 결코 아니다. 어쩌면 알고 있다는 것이 고통을 더 크게 하기도 한다. 마침내 양수가 터지고 진통은 한층 심해졌다. 한 번씩 진통이 지나갈 때마다 더 이상 아플 수는 없을 것 같다는 생각이 든다. 그러나 다음에는 상상할 수 없이 더 큰 고통이 밀려온다. 이제 아이는 엄마의 문을 열고 나갈 때가 온 것을 안다. 생명은 망설이지 않는다. 다만 제 길을 향해 온 힘을 다할 뿐이다. 마침내 해일처럼 거대한 통증이 몸을 관통한다. 내가 조절할 수도, 멈출 수도, 어찌할 수도 없는 강력한 힘이 나를 끌고 간다. 뜨거운 불길이 온몸을 지지며 지나가는 것 같다. 온몸이 낱낱이 부서져버릴 것 같다. "이젠 거의 다 됐어요. 지금부터는 힘을 빼세요. 아이가 스스로 나올 수 있도록." 원장님의 말씀에 나는 토해내듯 지르던 외마디를 삼키고 숨을 뱉는 것처럼 호흡을 내쉰다. 원장님은 남편에게 아이를 받을 준비를 시킨다.

　잠시의 고요 뒤에 폭풍처럼 또 한 번의 진통이 몸을 관통하고 마침내 아이 머리가 나왔다. 필규는 내 옆에서 "엄마, 동생 얼굴이에요." 소리친다. 신기하고 들뜬 목소리다. 또 한 번의 짧은 고요 뒤에 또 다시 폭풍 같은 고통이 몸을 흔드는 순간 아이는 어깨를 돌리며 내 몸을 빠져 나왔다. 동시에 내 안에서 절박하고 무력한 울음이 터져 나왔다. 아이를 낳았다는 감동보다 극단의 고통이 이제 지나갔다는 안도가 나를 채웠다. 밤새 비바람이 치던 창밖은 봄이가 태어나던 순간 거대한 눈보라가 휘날리고 있었다. 3월에 내리는 눈. 봄이는 비바람과 눈보라를 뚫고 그렇게 왔다.

　필규가 지켜보는 옆에서 태지로 범벅된 봄이가 몸 위에 올려졌다. 애처롭게 작은 여자아이였다. 봄이는 짧게 울음소리를 내고 이내 내

위에서 고요해졌다. 작은 손, 작은 발. 그러나 너무나 완전하고 아름다운 생명. 자신의 의지로 세상에 나온 강인하고 굳센 딸아이. 비로소 안도와 감사와 기쁨이 내 온 존재를 채웠다. 견디어준 몸이 고맙고, 아이의 몸에 최초로 손을 대고 아이가 나올 때 세상으로 이끌어준 남편이 고맙고, 이 모든 과정을 침착하고 편안하게 도와주신 원장님이 고마웠다. 그리고 심장이 다 떨렸다면서도 차분하게 나를 지켜보시며 격려해주셨던 엄마가 고마웠다. 봄이의 손과 발가락을 세어보고, 엄마를 격려하고, 명랑하고 즐겁게 동생이 나오는 공간을 채워준 첫아이, 필규도 고마웠다.

원장님이 내 손을 봄이와 연결된 탯줄에 가져다 대주셨다. 툭, 툭, 여전히 강한 맥박이 뛰고 있었다. 내 몸과 아이의 생명을 연결해주던 줄. 여전히 이 생명이 내게 이어져 있음을 말해주는 줄. 탯줄의 맥이 다 멈출 때까지 기다렸다가 필규는 아빠와 함께 손을 모아 동생의 탯줄을 잘랐다. 이제 새로 태어난 아이는 비로소 제힘으로 숨을 쉬는 온전한 존재가 된 것이다. 모든 과정이 필규에게는 신기하고 즐거워 보였다. 잠시 후 몸에서 태반이 빠져 나왔다. 원장님은 태반이 담긴 그릇을 들어 내게 보여주셨다. 붉고 건강한 태반이었다. "엄마, 태반이래요. 빨강이에요." 필규는 소리쳤다. 필규는 모든 것을 자연스럽게 받아들였다. 징그럽거나 무섭거나 끔찍하게 생각하지 않고 그냥 신기하고 새롭고 재미난 일처럼. 이것이 생명이 태어나는 일이다. 무서울 것도 두려울 것도, 낯설거나 생경할 것도 없이, 자연스럽게 우리 앞에 그 위대하고 아름다운 길을 보여주는 일. 주사기나 낯선 도구, 거칠고 기계적인 손놀림이나 쏟아지는 조명, 약물도 없이, 주위에 가득한 기다림과 사랑 속에서 그저 제힘으로 모습을 드러내는 일. 이것이 생명이 태어나는 옳은 길이라고 믿었고 마침내 그 길에서 생명을 만난 것이다.

첫 목욕을 함께 도와준 필규가 아기를 안아본다. 새로운 생명을 맞이한 집안은 다시 일상의 가벼운 흥분과 설렘 속에 하루를 시작한다. 부엌에선 맛있는 미역국이 끓고 필규는 가까이서 동생을 바라보고 만져본다. 나는 비로소 봄이에게 젖을 물린다. 아무것도 나오지 않는 젖이지만 봄이의 입에 들어간 최초의 감각으로 따뜻하고 부드럽게 새겨지리라. 필규처럼 봄이도 오로지 엄마 젖으로만 생애의 첫날들을 채워갈 것이다.

커다란 고통을 이겨낸 몸은 낱낱이 부서졌다 다시 합쳐진 것처럼 힘이 들었지만, 상처 하나 없이 온전했다. 나는 내 힘으로 일어나 다시 걸어다니고, 식탁에 앉아 엄마가 끓여주신 국과 밥을 먹었다. 아이를 낳기 위해 가족 누구도 서로 떨어지지 않았고 분리되지 않았다.

비바람 불고 눈 내리던 3월, 새 생명이 우리에게 왔다. 동생 옆을 떠날 줄 모르는 필규와 아이를 키우고 돌보는 내 삶을 위해, 그리고 우리가 살아갈 이 세상을 위해 온 귀한 선물이다. 앞으로도 서로 같이 일상을 겪어가며 그 생명이 하루하루 성장하고 변화해가는 놀랍고 경이로운 시간을 함께 살아갈 것이다.

황달을 물리치는 햇살 목욕

· · ·

아이는 마치 양수에라도 있는 것처럼
자연스럽고 편안하게 햇볕을 즐겼다.

햇살이 환한 날은 봄이가 햇살 목욕을 하는 날이다. 해가 잘 드는 침
대 위에 봄이를 눕히고 옷을 모두 벗겨서 온몸에 고루 따듯한 햇볕을
쬐게 한다. 봄이를 낳고 나흘 만에 아이와 산모의 상태를 점검하기 위
해 다시 우리 집을 찾아오신 조산원 원장님은 봄이 얼굴을 보더니 "신
생아 황달이네. 애기한테 햇볕을 많이 쬐어주세요." 하셨다. 그리고는
침대 위에 봄이를 눕혀놓고 옷을 모두 벗겨놓으셨다. 그때까지 봄이와
나를 둘둘 싸매지 못해 안달이시던 친정엄마는 깜짝 놀라셨다. 태어난
지 일주일도 안 되는 아이를 홀라당 벗겨놓다니 엄마 연세의 어른들에
겐 그야말로 상상도 못할 일이었을 것이다.

"신생아 황달엔 자연 볕을 쬐는 게 제일 좋아요. 이렇게 하면 몸 안

의 독소들이 변으로 빠져 나오지요. 그리고 신생아들은 몸에 열이 많아서 이렇게 바람과 볕을 쬐어주면서 열을 발산시켜야 나중에 아토피도 생기지 않아요. 오히려 열덩어리인 신생아들을 과하게 난방한 방에다가 지나치게 둘둘 감싸놓는 바람에 피부의 열이 빠져나가지 못해 아토피로 많이 발전해요."

엄마는 원장님의 설명을 듣더니 고개를 끄덕이셨다. 덕분에 그날부터 내게도 따뜻하게 입으라고 성화이시던 엄마의 잔소리를 많이 덜 수 있었다. 그날부터 해가 나면 봄이는 햇살 목욕을 했다. 애가 너무 허전해서 놀라지 않을까 염려하셨던 친정엄마는 봄이가 햇살 속에서 마음대로 기지개를 켜며 너무나 편안하게 있는 모습을 보고 또 한 번 놀라셨다. 봄이는 마치 양수에라도 있는 것처럼 자연스럽고 편안하게 햇볕을 즐겼다. 조산원에서 낳았던 필규도 신생아 황달이 있어 이렇게 발가벗고 햇살 목욕을 자주 했었다. 볕이 잘 드는 창가에 이불을 깔고 엎드려 놓으면 그 상태로 한참씩 편안하게 자고 일어나기도 했다. 필규를 낳고 열흘간 조산원에서 조리하는 동안 아이는 언제나 서늘하고 시원하게 지냈다.

나중에 조산원을 찾아오신 시어머니는 헐렁한 면보를 대충 걸치고 있는 아이를 보고 깜짝 놀라셨다. 그리고는 조산원에서 조리를 끝내고 우리 집으로 오던 무더운 여름날 필규를 몇 겹으로 싸고 창문도 내리지 못하게 하시며 차 안에서 당신의 몸으로 꼬옥 감싸 안고 오셨다. 필규는 숨 막힐 듯 무더운 차 안에서 얼굴이 벌게져서 내내 엄청나게 땀을 흘리며 집까지 왔다. 조리를 해주시던 중에도 손과 발이 맨살로 나올 일이 없었음은 물론이다. 일주일이 지나고 어머님이 강릉으로 돌아가시자 나는 필규를 싸매고 있던 이불부터 치워버렸다. 그리고 내내 시원하게 키웠다.

친정엄마의 정서도 시어머니와 크게 다르지 않았다. 공기 중에 아기의 맨살이 나오기라도 하면 큰일이 나는 것처럼 야단이셨다. 그러나 원장님이 다녀가신 후에는 엄마도 이해를 하셨다. "가만 보니 이렇게 시원하게 해주는 편이 아이에게도 좋을 것 같다. 마음껏 몸을 놀리며 움직이는 것이 스트레스도 적고 성격도 원만해질 것 같고…."

사오십 년 전에 아이를 낳고 기르던 어머님 세대에서는 갓 태어난 아기들은 무조건 따뜻하게 하고, 찬바람을 쐬게 해서는 안 된다는 생각이 거의 신앙처럼 강력하다. 그 시절에야 난방이 제대로 되지 않고 웃풍이 심한 집에서 아이를 낳고 키웠으니 무엇보다 아이를 따뜻하게 해주는 일이 제일 중요했으리라. 그러나 요즘의 아파트는 웃풍이란 게 거의 없다. 그리고 난방이 잘 돼서 한겨울에도 맘만 먹으면 여름처럼 지낼 수 있다. 그러니 신생아를 돌보는 방법도 다를 수밖에 없다.

신생아가 지내는 방이 충분히 따뜻하면 이렇게 볕이 좋을 때는 옷을 모두 벗기고 햇살 목욕을 시켜주는 것이 좋다. 신생아 황달도 자연스레 치료할 수 있고 피부도 한결 건강해진다. 햇살 아래서 마음껏 팔다리를 버둥거리며 노는 모습을 지켜보면 아이는 역시 자연과 가장 가까운 모습일 때 제일 편안하다는 것을 실감할 수 있다.

열 명 중 예닐곱 명에게서 나타나는 아토피는 아이를 가진 부모라면 누구나 염려하는 질병이다. 그러나 이 아토피가 개인위생이 강조되면서 더 증가했다는 연구가 많다. 즉 과하게 씻기고, 과하게 청결을 강조하는 생활환경이 오히려 피부의 면역력을 떨어뜨려 자연스런 자극에도 민감하게 반응하게 한다는 것이다. 예전 같으면 겉옷도 안 입고 뛰어놀 만한 날씨에도 겹겹이 옷을 입히고 모자를 씌우고 장갑과 마스크를 씌워서 내보내거나 아예 날이 좀 차다고 종일 집에서만 놀게 하는 게 오히려 아이들의 건강을 점점 더 나쁘게 만들고 있는지도 모른다.

햇살 속에서 두 아이들이 즐겁게 논다. 필규는 해만 비치면 "엄마, 봄이 햇살 목욕 해야지요." 소리친다. 나는 아이들에게 바람과 햇살을 더 많이 선물하고 싶다. 콘크리트 안에서 겹겹이 옷을 입고 지내기보다 조금 콜록거리더라도 자연의 바람을 느끼며 달리고 뛰고, 조금 덥더라도 자연의 볕을 쬐고 땀 흘리며 자라게 하고 싶다.

실컷 젖을 먹은 봄이가 햇살 속에서 꼼지락거린다. 어쩌면 이 아이도 햇살, 그 자체인 모양이다.

예방접종, 정말 좋기만 할까?

...

백신에는 여러 가지 화학첨가물이 들어간다.
첨가물 대부분은 인체에 어떤 영향을 미치는지
정확하게 연구되지 않은 것들이다.

아이를 낳은 엄마들이라면 누구나 중요하게 보관하는 것이 있다. 병원이나 보건소에서 받는 '모자보건수첩'이다. 이 수첩에서 무엇보다 중요한 것은 의무예방접종 순서표다. 태어나자마자 맞는 BCG부터 시작해 B형간염 주사, DTaP, MMR 등 만 6세까지 받도록 되어 있는 예방접종 수가 적지 않다.

자식을 건강하게 기르기 위해 더 욕심을 내는 부모들은 의무가 아닌 선택 예방접종들도 꼬박꼬박 챙겨 맞힌다. 그런데 참 이상하다. 자식에 관계된 것이라면 아무리 사소한 것이라도 인터넷을 뒤지고 입소문의 진상을 확인하는 한국의 엄마들이 정작 아이의 몸속으로 들어가는 백신이 어떤 성분으로 구성되어 있는지 어떤 문제들을 일으킬 수 있는지는 잘 모른다. 공교육만으로 성이 차지 않아 사교육 열풍을 일으키는 엄마들이, 자식들의 건강에 큰 영향을 미칠 수 있는 예방주사에 대해서는 병원과 의료진이 제공하는 정보에만 전적으로 의존하고 따른다는 게 참 아이러니하다. 예방접종이 우리 아이를 질병으로부터 안전하게 지켜줄 거라고 믿는 부모라면 다음과 같은 사실에 매우 놀랄지도 모르겠다.

백신에는 여러 가지 화학첨가물이 들어간다. 첨가물 대부분은 인체에 어떤 영향을 미치는지 정확하게 연구되지 않은 것들이다. 백신에는 경련, 알츠하이머, 뇌손상, 치매의 원인으로 지목되어온 물질인 '알루미늄'과 발암물질로 알려진 '포름알데히드', 면역계를 교란시키는 맹독성 물질인 '페놀'을 비롯해 한 번 체내에 들어가면 그대로 축적되는 '수은' 등 수많은 위험물질이 첨가되어 있다. 특히 거의 모든 백신에 방부제로 쓰이는 '치메로살'은 에틸수은을 50퍼센트나 포함하고 있다. 이 화학첨가물들은 대부분 독성을 갖고 있고 알레르기를 일으키는 원인이 되기 때문에 적은 양이라고 안심할 수 없다. 생후 6개월 정도까지 아이들의 간은 담즙을 제대로 생산하지 못해 해독을 하지 못한다. 이 첨가물들이 아이들의 미숙한 면역계로 들어가면 많은 부작용을 일으킬 수 있다.

B형간염 백신에는 수은이 12.5밀리그램 들어간다. 제약회사 관계자들은 이것이 매우 적은 양이어서 아이들에게 아무런 영향을 미치지 못할 거라고 주장한다. 그러나 수은은 영유아의 면역계로 들어가면 제거

되지 않는다. 유아들은 뇌혈관 장벽이 충분히 발달하지 못했기 때문에 독성물질을 막아낼 수도 없고 해독할 능력도 없다. 출생 후 6개월까지 기본 예방접종을 충실하게 받았다면 세 번 접종하게 되어 있는 B형간염과 DTaP, 뇌수막염 접종만으로도 무려 187밀리그램의 수은이 아이들 몸에 축적된다. 해독작용이 미숙한 아이들에게 이것은 치명적인 양이다. 다량의 수은이 축적된 아이들이 발달과정에서 어떤 문제와 장애를 일으키는지, 보건당국과 제약회사 모두 추적연구를 하지 않고 있다.

 미국에서 예방접종이 전 국민을 대상으로 의무적으로 시행된 후 나타난 가장 극적인 현상은 자폐증의 증가라고 한다. 1980년대까지 미국의 부모들은 아이들이 태어나자마자 혹은 첫돌 전에 자폐증 증상을 발견했다. 그런데 1980년대 중반 이후에는 생후 6개월이나 1년까지 정상적으로 발달하던 아이들에게 갑자기 자폐증이 나타났다고 보고하는 부모들이 두 배로 늘었다. 그 시기는 기본 예방접종 시행이 국가적으로 확립된 시기와 일치한다. 소아마비, DTP, MMR 등 예방접종이 국가적으로 시행된 뒤 자폐증 아이들의 수가 극적으로 증가한 것이다. 국가가 지원하는 의무접종이 시행되기 이전까지 자폐증은 자녀들의 건강관리를 위해 예방접종을 받을 만큼 경제적으로 여유가 있었던 상류층과 중산층 자녀들에게서 주로 나타나는 병이었다. 그러나 국가 보조로 누구나 예방접종을 받게 되자 자폐증은 전 계층으로 확산되었다. 1960년대 자폐증 발병률은 소아 2천 명 중 1명 꼴이었다. 그러나 2000년도에는 2백 명 중 1명 꼴로 발병하고 있다.

많은 연구가들은 백신에 들어 있는 수은이 자폐증을 일으킬 수 있다고 말한다. 백신에 포함된 수은은 생후 6개월 이하인 아이들 몸에 그대로 축적된다. 수은은 아무 곳에나 붙는 것이 아니라 자폐증과 관련 있는 소뇌, 편도, 해마로 정확히 이동한다. 이들 기관은 신체의 균형감각과 운동감각, 감정 상태의 통제, 기억의 형성 및 분류, 저장 등을 관장하는 곳이다. 자폐증에 걸린 아이들이 보여주는 특성들은 수은에 중독되었을 때 나타나는 특성과 정확하게 일치한다는 연구 결과가 있다. 물론 예방접종을 받은 모든 아이들에게서 자폐증이 발생하는 것은 아니다. 그렇지만 위험성을 안고 있는 것은 분명하다.

왜 이런 일들이 일어나는 것일까. 백신 시장은 엄청난 이권이 걸려 있는 분야다. 제약회사들은 자사의 백신을 판매하고 의무접종 할 권리를 얻기 위해 정부와 보건당국에 천문학적인 로비자금을 투여한다. 이런 관계 사슬이 예방접종의 부작용을 추적하는 연구와 논문을 막고, 제대로 된 정보가 소비자에게 전달되는 과정을 막는다. 심지어는 접종을 하는 의사들조차도 백신 성분과 부작용에 대해 무지한 경우가 많다. 의사들이 의문을 가진다 하더라도 꼬박꼬박 병원에 찾아와 백신을 접종하는 사람들이 커다란 수입원이 되는 현실에서 적극적으로 백신의 위험과 부작용을 알려주기는 어려울 것이다.

백신이 만들어지는 과정에서 바람직하지 못한 일들이 저질러지고 수많은 부작용들이 나타났다 해도, 한 번 승인되고 유통된 백신은 쉽게 시장에서 사라지지 않는다. 아이를 더 건강하게 키우기 위해, 부모로서 자녀에게 더 좋은 것을 주고자 접종시킨 백신이 오히려 우리 자녀들을 고통 속에 몰아넣고, 원치 않는 장애까지 안게 한다면 정말 끔찍한 일이다.

그렇다면 어떻게 해야 할까. 예방접종이 무조건 위험하다는 것은 아니다. 그렇지만 예방접종에 대해 충분히 알아야 혹시 모를 위험과 부작용에 대처할 수 있다. 몸이 약한 아이나 건강한 아이나, 혹은 형제 중에 예방접종 부작용을 앓았다 하더라도 똑같은 양의 백신을 맞아야 하는 현재의 예방접종 제도는 분명 달라져야 한다. 더구나 정신적, 신체적 장애를 가지고 있는 사람에게는 더욱더 신중하고 세밀하게 접종해야 한다. 예방접종 전에 개인의 개별성이 더 섬세하게 고려되어야 하고, 위험물질이 들어 있지 않은 안전한 백신을 만들라고 제약회사와 해당 기관에 요청해야 한다고 믿는다.

예방접종에 지혜롭게 대처하기 위해

백신접종 부작용을 겪은 부모들이 당국과 의사들이 알려주지 않는 백신의 진실에 대해 공부하고 정보를 나누는 '안전한 예방접종을 위한 모임(www.selfcare.or.kr)'을 만들었다. 예방접종에 관한 다양한 정보뿐만 아니라 회원들의 경험에서 우러난 육아상식도 나눈다. 회원이 되면 홈페이지나 메일을 통해 문의와 상담이 가능하다. 도움이 되는 책도 있다. 『예방접종 어떻게 믿습니까』에는 예방접종이 안고 있는 문제점과 안전한 접종을 위해 부모들이 챙겨야 하는 중요한 지식들이 알기 쉽게 설명되어 있다.

천기저귀가
더 좋다

···

간편하다는 것 하나만으로
우리가 치르는 대가는
결코 적지 않다.

봄이가 본격적으로 젖을 먹기 시작하면서 기저귀를 건사하는 게 큰일이 되었다. 자고 일어나면 저녁나절부터 밤 사이에 적셔놓은 기저귀가 목욕탕에 수북하다. 똥 묻은 것만 손질해서 커다란 들통에 푹푹 삶아 오줌 싼 기저귀랑 함께 세탁기로 빤다. 부지런히 아침 일찍 빨아야 종일 말리고 오후부터 쓸 수 있다. 대충 40여 장 되는 기저귀를 번갈아 쓰고 있는데 마른 기저귀 대기가 빠듯하다.

필규를 낳았던 조산원은 산후조리원도 겸하고 있는데 모유 수유와 천기저귀 사용이 원칙이었다. 아이를 낳기 전부터 천기저귀를 쓰겠다고 생각하고 있었기에 각오는 하고 있었지만 아이를 낳은 그 순간부터 젖을 물리고 기저귀를 가는 일은 결코 쉽지 않았다. 기저귀 한 번 갈 때마다 버둥거리는 신생아를 어찌 할 줄 몰라 쩔쩔매며 애썼던 기억이 난다. 태어날 때 4킬로그램이 넘었던 필규는 젖도 많이 먹었고 기저귀도 엄청나게 적셔놓곤 했다.

조리원에서 열흘을 지내고 집에 와서는 시어머님이 몸조리를 도와주셨는데, 세탁기를 쓰지 않는 어머님은 하루에 쉰 장이 넘게 나오는 기저귀를 모두 일일이 손으로 빨았다. 나는 물에 손도 못 대게 하시면서 그저 쉬라고 하셨지만 종일 목욕탕에서 들려오는 그 물소리에 마음이 가시방석처럼 불편했었다. 어머님이 가시고 나자 나는 세탁기로 휘휘 기저귀를 빨았다.

사실 종이기저귀만 사용해도 애 키우는 일이 한결 수월해진다. 천기저귀는 오줌이 몇 방울만 묻어도 갈아 달라고 울어대니 밤에도 두어 시간을 이어서 푹 잘 수가 없다. 세탁기로 빤다고 해도 삶아야지, 털어서 널어야지, 또 반듯하게 개켜야지, 손이 얼마나 많이 가는지 모른다.

언젠가 텔레비전에서 종이기저귀 광고를 보다가 '다섯 번까지 적셔도 문제없어요.' 하는 내용을 보고 어이없어 한 적이 있다. 아이가 다섯 번이나 오줌을 싸면서도 깨지 않고 푹 자는 것이 더 좋은 것일까. 천기저귀를 사용하는 아이들은 다섯 번은커녕 조금만 오줌이 묻어도 바로 갈아 달라고 칭얼거린다. 불쾌한 감각을 바로 느끼고 표현하는 예민함. 나는 오히려 이것이 아이에게 더 좋은 것이라고 믿는다.

게다가 썩지도 않고, 태우면 다이옥신이 배출된다는 화학기저귀는 또 얼마나 비싼가. 간편하다는 것 하나만으로 우리가 치르는 대가는 결코 적지 않다. 축축한 기저귀를 빼내고 마르고 서늘한 새 기저귀를 갈아줄 때의 아이 표정을 보고 있노라면 기저귀가 주는 모든 느낌을 선명하게 느끼고 즐긴다는 것을 알 수 있다. 불쾌함이 사라지고 쾌적함이 자신을 채우는 순간과 그것이 엄마의 손길에서 온다는 것을 아이는 선명하게 느끼고 있는 것이다.

또 아이를 키울 때 천기저귀를 쓰면 기저귀에 받는 아이의 똥이나 오줌이 결코 지저분한 오물이나 쓰레기가 아니라는 것을 알게 된다. 오줌은 오줌대로 물에 헹구어 빨고, 똥은 변기에 털어내고 남은 것들은 칫솔로 긁어내어 비누질해서 삶는다. 이 과정은 올올이 아이의 몸에서 나온 것들을 들여다보고 냄새 맡고 아이의 속 건강을 알아가는 일이다.

몇 번을 싸도록 갈지 않고 있다가 불룩해질 때에야 둘둘 말아 쓰레기통에 버리고 새것으로 갈아주는 일회용 기저귀에선 아이의 똥과 오줌은 그저 버려야 할 오물이 되어버린다. 아이의 몸에서 나온 것들과 엄마는 아무런 관계를 맺지 않는다. 아무 데서나 버려지고, 또 새 것으로 갈면 그뿐이다.

천기저귀는 다르다. 아침 똥과 점심 똥이 다른 것도, 이번엔 오줌이 적은 것도, 다음번엔 푹 젖도록 싸는 것도 알 수 있다. 똥이 조금 단단하다 싶으면 빨면서 만져보기도 하고, 똥 색이며 똥에 섞여 나온 음식물들도 낱낱이 볼 수 있다. 내 아이의 몸에서 나온 것이니 더럽다는 생각보다는 그저 잘 먹고 잘 싸놓은 기특한 흔적으로 보인다. 기저귀는 깨끗하게 빨아서 말리고 개켜서 다시 채운다. 새 기저귀는 금방 젖고 또 갈아준다. 모든 것들이 돌고 도는 순환이다. 아이는 자연의 순리대로 먹고 싸고 놀면서 쑥쑥 자란다.

"네 언니 낳았을 때는 기저귀가 겨우 스무 개나 있었을까. 하나 적시면 바로 물가에 가서 빨고, 장마철에는 아빠랑 둘이 석유곤로를 피우고 앉아 그 위에다가 기저귀를 말려가며 썼다." 엄마의 옛날 얘기를 듣다보면 새삼 우리가 얼마나 지극하고 커다란 정성 속에서 자랐던가 생각하게 된다. 어린 시절을 돌이켜봐도 겨울이면 늘 안방에 놓여 있던 작은 전기스토브 앞에 앉아 늦게 태어난 막내 기저귀를 말리시던 아빠의 모습이 떠오른다. 조금만 한눈을 팔아도 연기를 내며 갈색으로 변해가는 기저귀를 깜짝 놀라 잡아당기시던 젊은 아빠의 모습이 선하다.

가끔 봄이의 기저귀를 갈아주는 남편의 모습에서 젊은 시절의 우리 아빠를 떠올리게 된다. 모든 것이 모자라고 어려웠지만 자식 한 명 한 명마다 두 분이 기울이셨던 한없는 정성들이 우리가 이렇게 건강하고 반듯하게 클 수 있었던 밑거름이 되었음을 깨닫게 된다. 정성이란 그런 것이다. 보이지는 않지만 옷처럼 한 겹 한 겹 그 존재 위에 단단히 덧입혀져서 평생 벗겨지지 않는 껍질이 되고, 방패가 되는 것이다.

나 또한 아이에게 비싼 옷이나 좋은 장난감보다 사소한 것들에 깃들인 엄마의 손길, 정성, 마음을 주고 싶다.

열심히 젖을 물리고 기저귀를 빨고 종일 좁은 집안을 종종거리며 아이를 키운다. 읽고 싶은 책도 쌓이고, 만나고 싶은 사람들, 하고 싶은 일, 가고 싶은 곳도 많지만 앞으로 한참 동안은 엄마 노릇에 정신없이 살아야 할 모양이다. 반듯하게 개켜진 기저귀가 봄이 머리맡에 그득하다. 이제 일상의 행복은 마른 기저귀가 얼마나 남아 있느냐가 돼버렸다. 넉넉하게 준비된 보송하게 마른 기저귀를 바라보고 있으면 마치 겨울 식량을 푸짐하게 저장해둔 다람쥐마냥 행복하다.

태명이 '봄'이었던 둘째아이는

'윤정'이라는 이름을 갖게 되었다.

젖 먹이기,
아이 내면에 애착을 심는 일
...

그 시절이 지나면 아이와 이렇게 깊고 친밀하게
서로를 나눌 수 있는 기회는 다시 오지 않는다.

아이 낳고 키우면서 얻는 행복 중에 젖 먹이는 일이 주는 기쁨을 빼 놓을 수 없다. 물론 젖 먹이는 일이 처음부터 행복하고 기쁘지만은 않 다. 아이를 낳았다고 젖이 바로 나오는 게 아니니 출산의 힘겨움이 채 가시기도 전에 젖이 제대로 돌게끔 갖은 애를 써야 하고, 젖몸살이라 는 또 다른 산을 넘어야 할 때도 있다.

사람에 따라서는 애 낳는 일보다 더 힘이 든다는 게 젖몸살이다. 그 것은 생명을 온전하게 키울 수 있는 모든 양분을 만들어내는 하나의 시스템이 몸에 정착하는 과정이기도 하다. 그 정교한 장치들이 모두 제대로 가동되기까지 엄마의 몸은 고통스런 변화와 적응을 거쳐야 한 다. 한 번도 쓰이지 않았던 모든 유선들이 젖으로 부풀어오르고, 유선

끝까지 젖이 도달하게끔 몸이 준비하는 고통이란 겪어보지 않은 사람은 절대 짐작할 수 없다. 적지 않은 엄마들이 젖몸살을 이겨내지 못하고 모유수유를 단념하기까지 한다.

젖이 돌았다고 해서 끝나는 것도 아니다. 아이에게 적당한 만큼의 양으로 조절되는 힘겨운 과정을 또 거쳐야 한다. 젖꼭지가 헐고 살갗이 벗겨지고, 아물 사이도 없이 다시 젖을 물리면 갓난아기는 제 배가 채워질 때까지 얼마나 엄청난 힘으로 젖꼭지를 빨아대는지. 첫아이 때는 젖으로 모든 옷을 적시고 심지어는 방바닥까지 흐른 젖을 닦으며 다니기도 했었다. 그렇지만 이 모든 고비들을 겪고 나면 하루하루 내 젖으로 커가는 아이를 지켜보는 말할 수 없는 행복을 느끼게 된다.

물도 먹지 않는 어린 아기가 오로지 내 젖만으로 하루가 다르게 쑥쑥 커가는 모습을 지켜보는 일이란 얼마나 놀랍고 경이로운지 모른다. 아이를 낳고 젖을 먹이는 일을 통해 나는 한 생명을 살아가게 하는 엄청난 존재가 되었다. 그 뿌듯한 자각은 엄마인 나 자신을 더 신뢰하고 자랑스럽게 만들며, 육아가 주는 많은 어려움을 더 씩씩하게 헤쳐나가게 해준다.

젖은 아기의 밥이지만 단순히 양분을 전해주는 것만은 아니다. 엄마는 젖을 통해 자신의 감정까지 전해줄 수 있다. 행복한 마음으로 젖을 물릴 때 엄마 몸에서 만들어진 행복한 기분은 젖의 성분까지 변화시킨다. 젖 속에 들어 있는, 숙면을 취하게 만드는 호르몬인 멜라토닌의 양이 늘어나는 것이다. 젖을 먹이는 동안 그 일을 진심으로 즐기고 좋아하는 것만으로도 아이의 심성에 편안하고 따스한 감정을 단단히 심어 놓을 수 있다니 이건 정말 해볼 만한 일이 아닌가.

아이의 오감을 자극하면 지능이 높아지고 성장이 촉진된다고 해서 많은 엄마들이 어린 아기를 데리고 아기체조 교실이나 마사지 교실을 다니기도 하는데, 사실 그 모든 일은 젖을 먹이는 동안 자연스럽게 일어난다. 엄마들이 젖을 먹이는 모습을 보라. 한 팔로 아이를 따스하게 안고 젖을 물리면서, 다른 손으로는 아기의 몸을 어루만지며 눈을 맞춘다. 아기의 뺨은 엄마 젖가슴에 부드럽게 밀착되고, 온몸이 엄마에게 닿아 있다. 조금 큰 아이라면 젖 먹으면서 엄마의 몸을 마음껏 주무르고 만지고 쓰다듬을 것이다. 서로 말을 하지 않아도 젖 먹이는 동안 아이와 엄마는 눈으로 표정으로 손짓으로 수없는 말들을 주고받는다. 달콤한 젖이 들어와 배고픔을 채워주는 동안 아이의 몸과 마음은 '엄마'라는 존재가 주는 따스함과 부드러움으로 온통 채워진다. 뺨으로 입으로, 손으로 몸으로, 온 마음으로 충만하게 느끼고 감촉하는 동안 아기의 내면에는 '엄마'라는 존재가 지울 수 없이 굳건하게 뿌리내린다. 하루에도 수차례 엄마와 아이가 젖을 통해 다시 하나가 되면서 서로의 존재를 상대방의 몸과 마음에 단단히 새기게 된다.

그렇게 내면에 '엄마'가 단단히 심어져 있는 아이라면 따스하고 부드러운 사랑을 충만하게 받았음을 새긴 아이라면 자신의 삶에 단단히 뿌리내릴 수 있고 타인과도 애착 관계를 자연스럽게 넓혀갈 수 있다. '애착'이란 한 생명이 세상을 살아나가는 데 가장 기초가 되는 감정이다.

자신이 사랑으로 단단히 맺어져 있다는 느낌이야말로 세상이 주는 많은 고비와 어려움을 극복해가며 자신의 존재 이유를 찾고 성장하는 힘이 된다. 우리가 젖 주는 일을 진심으로 즐기고 소중하게 여겨야 하는 까닭이 바로 여기에 있다.

얼마 전에 대형마트 수유실에 들렀다가 분유를 먹이며 핸드폰으로 인터넷 검색에 빠져 있는 엄마를 보았다. 백일도 채 안 돼 보이는 어린 아기의 머리는 엄마의 허벅지에 올려두었는데 아기의 시선은 불안하게 허공을 이리저리 응시하고 있었다. 식당에 들렀을 때 어떤 엄마는 밥 먹는 동안 정교하게 아기 몸에 받쳐둔 분유병으로 혼자 분유를 먹게 두면서 분유병을 들고 있지 않아 너무 좋다며, 어서 빨리 저 혼자 분유병을 쥐고 먹도록 가르쳐야겠다고 말하는 것을 들은 적도 있다.

젖을 먹이든 분유를 먹이든 어쩌면 그 자체가 중요한 게 아닐 수 있다. 젖을 먹으면 더 좋겠지만 어쩔 수 없이 분유를 먹일지라도 최소한 그 순간만큼은 엄마가 정성을 다해서 아기를 안고 눈을 맞추며 따스한 감정을 전해주어야 한다. 분유 주는 것조차 귀찮고 힘겨운 '일'로 여긴다면, 그래서 어서 빨리 자신의 손을 덜고 싶어 한다면, 오로지 그 시절에만 아기에게 줄 수 있는 가장 소중하고 귀한 것들, 굳세고 단단한 애착을 엄마가 먼저 뿌리치는 셈이 되고 만다.

그 시절이 지나면 아이와 이렇게 깊고 친밀하게 서로를 나눌 수 있는 기회는 다시 오지 않는다. 그 중요한 시간들은 소홀히 보내놓고서 아이의 지능을 높이겠다고, 아이의 짜증을 없애고 좋은 버릇을 들이겠다고, 따스하고 친밀한 심성을 심어주겠다고 각종 프로그램으로 대신하는 일은 처음부터 잘못 끼운 단추를 바로잡으려 애쓰는 일밖에는 되지 않을 것이다. 긴 인생에서 아이를 품에 안고 젖을 먹이는 순간은 너무나 짧다. 모든 엄마들이 그 순간을 진심으로 귀하고 행복하게 누리면 정말 좋겠다.

둘째에게 돌이 훨씬 지나서도 젖을 먹이고 있다. 첫아이 때보다 훨씬 더 이 일이 행복하고 즐겁다. 나는 대단한 사람도 못 되고, 많이 이룬 사람도 아니지만 적어도 내 아이에게 엄마로서의 존재감만큼은 충분하고 넉넉하게 심어주고 싶다. 윤정이가 온다. 내 젖가슴을 들추며 방글방글 웃는다. 하루에도 몇 번이나 서로 마주하는 순간이지만 젖을 향한 윤정이의 열렬한 환영과 기쁨의 표정 덕분에 내 마음에는 더운 여름을 이기는 상쾌하고 시원한 바람이 분다.

기저귀 차는 엄마

• • •

생리가 시작되었다.
여전히 엄마지만, 다시 내가 되었다.

별안간 가을이 와버렸다. 계절은 이렇게 느닷없다. 내 몸에도 느닷없는 변화가 찾아들었다. 생리가 시작된 것이다. 윤정이를 임신해서 낳고, 17개월까지 젖을 먹이는 동안 멈추어 있던 생리가 여름이 가고 가을이 온 날 내게 찾아왔다. 좀 놀라긴 했지만 기뻤다. 필규 때는 23개월째 찾아왔던 터라 조금 빨리 왔구나 싶었을 뿐이다. 필규 때는 두 돌이 가까워진 때 생리가 시작되었는데, 그것을 이제 젖을 떼고 둘째를 가져도 되는 신호로 받아들였다. 그러나 지금은 생리가 시작되었다고 해서 젖을 뗄 생각은 없다.

서랍장 위쪽에 올려두었던, 신생아 용품만 따로 모아둔 상자를 내렸다. 시어머님이 함을 보낼 때 넣어주셨던 질 좋은 소창 한 두루마리가 거기 있었다. 함에 기저귀 감을 넣는 이유는 건강한 아이를 낳아 그것으로 첫 기저귀를 만들어 주라는 의미였을 것이다. 그러나 나는 시댁 동서들한테 쌍둥이 자매가 쓰던 기저귀를 넉넉히 물려받아서 굳이 새 기저귀를 만들 필요가 없었다. 해서 그 소창은 오랫동안 상자 속에 보관되어 있었다. 그것을 오려 내가 쓸 천생리대를 만들기 시작했다.

윤정이를 낳고서는 천기저귀만 썼다. 외출할 때나, 여행갈 때도, 시댁에 며칠 다니러 갈 때도 천기저귀만 챙겼다. 써보니 그리 어려운 일도 아니었다. 사정이 여의치 않을 땐 삶지 않고 비누로만 빨아서 널어도 괜찮았다. 손으로 빨아 널어도 다음날이면 꾸덕꾸덕 말라 있어서 많이 가져갈 필요도 없었다. 땀띠로 고생은 했어도 윤정이는 필규보다 기저귀 발진이 덜했다. 필규 때는 외출할 때나 시댁 갈 때는 종이기저귀를 써야 하는 줄 알았는데 윤정이 키우면서는 천기저귀만 고집했다. 외출할 때도 비닐 몇 장만 챙기면 그다지 번거롭지 않았다. 그래서 다시 생리를 하게 되면 천생리대만 쓰겠다고 생각했다. 무엇보다 소중한 내 몸을 위해서였다.

펄프생리대의 유해성이야 더 말할 필요가 없다. 아주 적은 양으로도 몸을 해치는 다이옥신과 온갖 화학성분들이 들어가 있다. 펄프생리대의 광고 문구를 보라. '코튼 감촉'이라고 면처럼 부드럽게 느껴진다는 표현을 쓴다. 실제 면이 아닌 것을 면처럼 느껴지게 하기 위해서는 얼마나 많은 화학 공정이 들어갈 것인가. 생리 때 나는 냄새를 억제하기 위해 인공 향은 또 얼마나 뿌리는가. 썩지도 않는 그것들은 엄청 비싼

값에 팔린다. 편하긴 하다. 얇은 펄프 몇 장이 생리혈을 감쪽같이 흡수해주고 이따금 그저 새 것으로 갈아 쓰레기통에 버리면 끝이다. 그렇지만 편리함의 이면에는 여성의 건강을 위협하는 온갖 요소들이 숨어 있다.

소창을 오려서 가장자리만 대충 감쳐서 생리대를 만들었다. 인터넷을 보니 천생리대를 만드는 본도 나와 있고 양쪽 날개도 만들어 똑딱단추까지 달게 되어 있지만, 직장에 나가는 것도 아니니 윤정이가 쓰는 것보다 작게 만들어도 될 듯싶었다. 잘 때는 윤정이 기저귀를 사용했다. 넓어서 샐 염려도 없었다. 찬물에 담그면 핏물도 잘 빠지고 한 번 삶으면 말끔하게 얼룩도 빠진다. 특별히 귀찮을 것도 어려울 것도 없다.

생리는 불결한 것도 부끄러운 것도 아니다. 자고 먹고 일하고 싸는 일처럼 자연스러운 순환일 뿐이다. 그것은 여자의 몸이 수천만 년을 거쳐 오면서 변함없이 생명을 품고 기르는 존재라는 것을 알려주는 귀한 일이다. 한 달에 한 번씩 여자의 자궁은 생명의 씨앗을 안전하고 건강하게 기를 수 있는 풍부한 영양분을 품은 붉은 방을 만든다. 수정이 되지 않으면 영양분으로 두터워진 자궁벽은 다시 본래의 상태로 돌아가기 위해 허물어내린다. 그 생리혈이 왜 불결하고 불쾌한가. 그것은 현대사회와 상업사회가 만들어놓은 잘못된 이미지일 뿐이다. 생리하는 동안 말끔해야 하고, 생리하는 티를 내어서는 안 된다는 것은 산업사회가 여자에게 강요하는 폭력이다. 그래서 여자들은 건강에 안 좋은 것을 알면서 끊임없이 기능이 강화된 펄프생리대를 쓰고, 남모르게 쓰레기통에 버리는 일을 되풀이해 왔다.

중학교 2학년 때 생리를 시작한 이후로 나는 생리날을 소중히 기다렸다. 생리가 퍽 불규칙했기에 늘 생리를 기다렸고, 시작되면 내가 건강하구나 생각하며 안심했다. 싫어해본 일이 없었기 때문인지 생리통을 앓아본 일이 없다. 많은 여자들이 앓고 있는 생리통은 어쩌면 생리에 대한 기본적인 감정이 좋지 않아서 더 심해지는 것일지도 모른다. 진심으로 원하고 좋아한다면 생리가 주는 변화를 더 긍정적으로 받아들일 수 있지 않을까.

천생리대에 묻어 나온 생리혈을 찬물에 담그면 선명하고 고운 핏물이 빠진다. 나는 내 몸에서 나온 피를 찬찬히 문지르며 몸에서 일어나고 스러지는 귀하고 아름다운 순환을 본다. 그것은 감사하고 고마운 일이다. 수정이 되었다면 소중한 생명의 처음을 지켜주고 키워주는 자양이 되었을 것이다. 깨끗이 빤 생리대는 윤정이 기저귀랑 같이 햇볕에 넌다. 내가 쓰는 작은 기저귀랑 윤정이가 쓰는 큰 기저귀가 사이좋게 햇볕과 바람에 말라간다.

나는 한 달에 한 번씩 기저귀를 찬다. 어린 딸과 같이 기저귀를 찬다. 머지않아 딸은 기저귀를 떼고 제 스스로 똥오줌을 가릴 것이다. 그 후에도 나는 한 달에 한 번 기저귀를 찰 것이다. 이 다음에 윤정이가 자라서 첫 생리를 시작하면 온 가족과 함께 축하해줄 생각이다. 여자로서의 삶에 처음 다가오는 일들을 엄마가 어떻게 이끌어주는가에 따라 그 일에 대한 평생의 느낌이 결정된다고 믿는다. 생명을 품는 더 큰 생명으로서의 순환에 들어선 것을 진심으로 기뻐하고 그 소중한 의미를 귀하게 간직할 수 있도록 이끌어주고 싶다. 필규에게도 이담에 여자친구가 생기면 여자친구의 생리를 불편하거나 거북하게 받아들이지 않고 더욱 귀하게 대하고 성에 대한 결정도 진지하게 내려야 한다는 것을 일러줄 것이다.

시어머님이 함에 넣어주신 이 소창으로 윤정이가 쓸 첫 생리대를 만들어주리라. 어쩌면 한 몇 년간은 윤정이와 내가 같이 기저귀를 차는 날들이 올지도 모르겠다. 함께 조물조물 천생리대를 빨면서 우린 더 가까워지겠지.

생리가 시작되었다. 생명을 품고 낳고 기르는 일에 열중했던 몸이 다시 본래의 리듬 속으로 들어갔다. 여전히 엄마이지만, 다시 내가 되었다.

두 번째 이야기

엄마도 실수하며
배우고 자란다

모든 어른의 마음속에는 아이가 산다

대충 치우고 더 많이 웃고

• • •

아이랑 한데 엉켜서 카오스처럼 지내는 지금이
아이들 속에서 이담에 눈부시게 피어날
창조와 질서와 빛의 씨앗들을 품는 시간일지도 모르는 일이다.

두 살, 여섯 살 아이가 노는 집 안은 종일 난장판이다. 이젠 첫째보
다 둘째가 더 어지르고 다닌다. 아침에 눈뜨면 책이 담겨 있는 바구니
부터 엎어놓고 하루를 시작하는 윤정이 때문에 거실은 언제나 책들로
정신이 없고, 필규 책들과 장난감들이 더해지면 그야말로 발 디딜 틈
이 없어진다. 방이 두 개뿐인 우리 집은 필규가 맘 놓고 어지르며 놀
수 있는 아이 방이 없어서 자연스럽게 거실이 온종일 두 아이의 놀이
터가 된다. 첫째는 어지간히 컸다지만 기어다니며 노는 둘째는 온갖
물건들을 허물고 어질러놓는 게 일이다. 따라다니며 치워주다가는 하
루가 다 가도 끝이 없다. 어떤 엄마는 그렇게도 하는 모양이지만, 나는
본디 게으른 편에다가 깔끔한 성격이 못 되어서 집 안이 어수선하다고

스트레스를 받지는 않으니 아이들이 놀 때는 그냥 맘껏 어지르며 놀게
한다. 살림은 한껏 게으르게 하고, 아이랑 많이 놀 일만 궁리한다. 청
소는 오후 늦게 윤정이가 마지막 낮잠을 자는 다섯 시쯤 하면 되니까,
그때까지는 늘 집 안이 이런 풍경이다.

나도 이 사이에 끼어들어가 달려드는 윤정이 봐가며 신문도 보고,
읽고 싶은 책도 몇 줄 읽는다. 앉을 자리가 옹색하면 발에 걸리는 것을
이쪽저쪽 슬슬 밀어가며 앉는다. 필규는 책 읽다가 자동차 장난감들도
늘어놓고, 블록을 맞추다가 종이를 들고 그림도 그린다. 한 가지 놀고
나면 그것을 다 치우고 다른 놀이를 하게 하는 엄마도 있던데, 참 대단
하다. 아이들의 관심사란 물처럼 흘러서 섞이고 또 솟아나고 다시 휘

돌아가는 것이라, 이거 하다가 저거 하고 그것 찾다가 다시 여기에 주 저앉기 일쑤인데 어떻게 그것들을 질서 있게 관리하는지 신기하다.

필규는 꼭 물처럼 논다. 어디서 무엇이 퐁퐁 솟아나올지 알 수가 없다. 분명히 책을 읽고 있던 아이가 갑자기 양말을 신고 마루를 미끄러 지듯 다니며 아이스하키를 한다고 하질 않나, 비밀 편지를 써야 한다 고 종이를 꺼내러 가질 않나, 그러다가 모습이 안 보이면 목욕탕에서 문 닫아 걸고 물놀이를 하고 있기도 하다. 제 맘대로, 흘러가고 싶은 대로 흘러다니며 노는 것이다.

여기에 또 윤정이도 한몫 한다. 이젠 제가 하고 싶은 일에 대한 고집 이 세어져서 툭 하면 왕 울어버린다. 책 들고 오는 저를 놔두고 밥 하 느라 부엌으로 가도 울고, 작은 상자 안에 물건을 넣고 싶은데 잘 안 되면 또 울어버린다. 높은 곳에 있는 물건 내려 달라고 엄마를 부르고, 자동차 탈 때 잡아 달라고 부르고, 그냥 제 옆에 있으라고 또 나를 부 른다. 잠시 부엌에 달려가 있으면 또 어느새 미끄럼틀에 올라가 난간 을 붙잡고 위태롭게 발을 내뻗고 있다. 좁은 집에서 하루에도 몇 번 숨 넘어갈 듯 윤정이를 불러가며 이리 뛰고 저리 뛰며 지낸다.

똥 싼 기저귀 털다가 전화 받으러 달려가고, 가스불 앞에서 찌개를 끓이다 문득 조용해진 윤정이를 찾으면 창가에 있는 화분 흙을 온통 마루에 흩뿌려놓고 있기도 하다. 어떤 날은 다 돌아간 세탁기 안의 빨 래 꺼낼 새도 없이 몇 시간이 지나기도 하고, 다 개켜놓고 옷장에 넣 을 시간이 없어 방구석에 놓아둔 빨래를 윤정이가 다시 허물어놓기도 한다. 모든 반찬에 달려드는 윤정이를 옆구리에 끼고 내 입에 밥 넣고, 필규 숟가락에 반찬 올려주고, 윤정이 입에 밥 넣어주다 보면 밥 한 끼 먹는 일이 운동장 한 바퀴 도는 일인 양 힘들고 땀난다. 의자에 앉아서 먹는 것은 포기한 지 오래다.

제자리에 있는 물건도 없고, 필요해서 찾으면 사방을 다 뒤져야 하고, 과일 한 쪽 먹어도 온 마루가 다 끈적거리고, 옷마다 젖이 얼룩져 있고, 뛰고 기는 두 아이 붙들어서 간신히 옷 입혀 산책을 나서면 그제 서야 내가 세수를 하지 않았다는 사실을 깨닫기도 한다. 애 키우는 엄마들이 모두 나 같지야 않겠지. 시내에 나가보면 두 아이 데리고 나오면서 한없이 세련되고 우아하게 단장한 엄마들도 눈에 많이 띈다. 두 아이 키우면서도 늘 집안이 깔끔하게 정돈되어 있는 집도 많다. 정말 참 놀랍고, 존경스럽다.

그러나 나는 그렇게 못 한다. 그렇게 되지도 않는다. 두 아이들이랑 뒤죽박죽 엉켜서 종일을 지낼 뿐이다. 어제 입었던 옷 또 입고, 깜박 때를 놓치면 종일 세수도 잊어버리고, 필규처럼 이 책 읽다가 또 저 책 펴들고, 이 일도 마치지 못한 채 또 다른 일로 달려가며 우왕좌왕 하루를 산다. 먹는 거 좋아하고, 재미난 거 좋아하고, 책 들면 시간 가는 줄 모르고 빠져들고, 치우는 거보다 노는 거 더 좋아하니 엄마라고 하지만 아이랑 별반 다를 것도 없다. 그래서 우리 집은 아이 셋이 사는 집이다. 세 아이가 함께 있으니 집이 카오스인 게 당연하다.

가끔은 이런 풍경에 스스로 질리기도 하지만 역시 치우고 정리하는

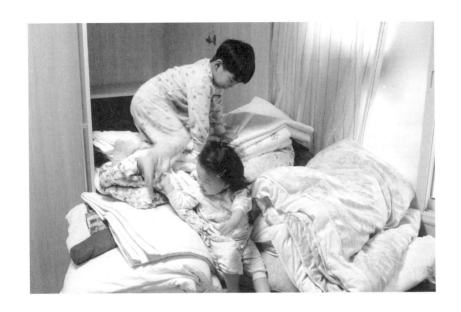

것보다는 대충 밀어두고 같이 어지르는 일이 더 좋으니 어쩔 수 없다. 어차피 아이 키우는 일 자체가 카오스인지도 모른다. 그러면 어떠랴. 세상도 처음엔 이랬다지. 혼돈 속에서 빛과 질서가 생기고, 세상의 모든 창조가 이루어졌다는데 지금의 이런 카오스쯤이야 아무것도 아니겠지.

혹 누가 알까. 아이랑 한데 엉켜서 카오스처럼 지내는 지금이 아이들 속에서 이담에 눈부시게 피어날 창조와 질서와 빛의 씨앗들을 품는 시간일지도 모르는 일이다. 그러니까 덜 치우고, 덜 쓸고, 덜 닦는 대신 더 많이 같이 킬킬거리고, 더 많이 얘기 나누고, 더 많이 안고 바라보고 품으면서 아이들과 기꺼이 혼돈 속에서 지내는 거다. 육아라는 이름의 카오스 속에 그야말로 풍덩 빠져 신나게 허우적거리며 말이다.

빈둥거리는 남편,
꽁한 아내

...

나는 주말이라고 맘 놓고 낮잠 한 번 자본 적이 없는데
좀 적당히 자고 일어나면 좋겠건만
이럴 때 남편은 너무 밉다.

집에서 보내는 주말 풍경이라는 게 대개는 비슷하다. 가족 모두 느지막이 일어나 아침 겸 점심을 먹고 나면 아이들은 그때부터 노느라 바쁘고, 나는 그 사이 이런저런 집안일을 한다. 남편은 컴퓨터를 좀 들여다보다가, 신문을 읽다가, 화장실 몇 번 드나들더니 슬그머니 침대로 향한다. 배불리 먹고 나서 다시 한숨 더 자는 휴일의 꿀맛을 이해하기에 아이가 아빠를 귀찮게 못하도록 주의시키면서 집안일을 계속한다. 설거지를 하고, 마른 빨래를 걷어 개키고, 몇 가지 손빨래를 하고, 사이사이 매달리는 아이 안아주고, 가져오는 동화책 읽어주고 하다보니 어느새 오후 2시 무렵. 나는 슬슬 짜증이 나기 시작한다. 밥 먹고 다시 누운 지 두어 시간이 지났으니 이젠 좀 일어나 아이랑 놀아주었으면 싶다. 내일부터 추워진다 하니 오늘이라도 함께 놀이터에 가주거나 가족끼리 산책을 해도 좋을 텐데, 남편은 어쩌다 종일 집에 있어도 아이들과 온종일 놀아주는 날이 제대로 있기나 한가 말이다.

"이젠 좀 일어나, 여보!" 나는 남편을 흔들어 깨운다. 아이들도 덩달아 "아빠, 일어나요! 밖에 나가요!" 한다. 남편은 짜증스러운 듯 이불을 뒤집어쓰며 뒤척인다. 아직 더 자고 싶은가 보다. 자기를 좀 가만히 놔두라는 무언의 항의가 느껴진다. 이럴 땐 정말 남편이 밉다. 나는 주말이라고 맘 놓고 낮잠 한 번 자본 적이 없는데 좀 적당히 자고 일어나면 좋겠건만 이럴 때 남편은 너무 밉다.

솟아오르는 화를 꾹 누르고 남편을 놔둔다. 아이 데리고 나 혼자라도 나가볼까 했지만 슬슬 배가 고프기도 해서 먹을 거나 준비하자 생각한다. 얼마 전 시댁에서 가져온 고구마가 그대로 있기에 구이용 냄비에 고구마를 씻어 안쳤다. 남편이 자고 일어났을 때 맛있는 냄새가 나면 기분이 좋아지겠거니, 밉더라도 내 남편이니 내가 참자 싶었다. 조금 지나니 고구마 익는 맛있는 냄새가 집 안에 가득 퍼진다.

어느새 남편이 일어났다. 남편은 작은방에 들어가 캠코더에 들어가는 테이프를 찾기 시작했다. 아무리 찾아도 눈에 띄지 않는 모양인지 한참 지나도 나오지 않는다. 그 사이 나는 노릇하게 익은 고구마랑 김치를 상에 차려놓았다. 같이 먹었으면 좋겠는데 남편이 영 나오지 않아 "여보, 뭐해? 나와서 고구마 먹어." 하고 남편을 불렀다. "안 먹어!" 남편은 찾는 물건이 안 보여 짜증이 난 듯했다. "같이 먹자. 다 익었어. 얼른 나와!" "안 먹는다는데 참! 강요 좀 하지 마!" 갑자기 남편이 버럭 소리를 지른다.

고구마를 베어 물다가 나는 순간 할 말을 잃었다. 미운 마음 꾹 참고 군고구마 만들어서 함께 먹으며 서로 기분 좀 풀려고 했는데 남편은 자고 싶은 만큼 놔두지 않는 마누라에다 어디 두었는지 안 보이는 물건 때문에 이래저래 짜증이 터져버린 모양이었다. 순간 화가 났지만 다시 꾹 눌렀다.

김치랑 함께 먹는 고구마는 정말 맛있었다. '으이구, 속도 좁은 양반

같으니. 이렇게
맛있는데 못 이
기는 척 먹는 시
늉이라도 할 것
이지….' 속으로
궁시렁거리고 있
는데, 남편이 마
루로 나오기에

다시 함께 먹자는 눈짓을 하며 고구마를 들어 보였다. "안 먹는다고 했
는데 왜 그래 정말!" 남편은 소리를 질렀다. 이번엔 나도 가슴이 콱 막
혔다. 쉽게 마음을 다치는 나는 화가 나고 서운해서 금세 눈물이 솟았
다. 그렇다고 다디단 군고구마를 안 먹을 수는 없었다. 줄줄 흐르는 눈
물을 닦아가며 꾸역꾸역 고구마를 입에 넣었다.

　피곤해서 낮잠을 자는 남편이나, 애하고 놀아 달라고 깨우는 마누라
나 서로 생각해보면 상대방의 입장, 이해 못 할 건 없다. 조금 서운하고
못마땅하지만 여자들은 이렇게 맛있는 음식 준비해서 함께 먹으며 기
분도 풀고 털어버리려는 거다. 그런데 남자들은 이런 여자들의 배려마
저 간섭처럼 느껴지는 모양이다. 이럴 땐 정말 남편은 화성인이고 나
는 금성인인 것만 같다.

　처음 안 먹겠다고 했을 때, 그냥 상관 않고 나만 맛있게 먹으면 될
일이었겠지만 그래도 내 입에 맛있는 음식이니 남편 입에도 맛있을 것

같은 게 여자의 마음인지라 한 번 더 권해보는 것이다. 정 먹기 싫더라도 아내의 마음을 생각해서 상에 앉아 먹는 시늉이라도 해주고 일어나면 되는 것을, 남자는 기어코 자기 동굴 속으로 콕 들어가 여자의 마음에 생채기를 내고 만다.

"엄마, 갑자기 눈물이 펑펑 나요?" 필규가 눈을 똥그랗게 뜨고 묻는다. 그래도 제 엄마가 워낙에 눈물이 많은 사람인 것을 아는지, 아니면 모처럼 사다준 요구르트를 먹는 참이어서 엄마의 눈물에 관심이 덜 갔는지 아이는 별로 심각하지 않다.

"아니, 이젠 됐어." 눈물을 쓱 닦고 다시 열심히 고구마를 먹는다. 나는 배가 고팠고, 남편이 밉든 화가 나든 군고구마는 맛있다. 화내고 안 먹어봤자 나만 손해다. 부부라도 가끔 이해할 수 없는 서로 다른 외계인이 되곤 하니 어쩔 수 없는 일이 아닌가. 마누라가 울면서 고구마를 먹고 있으니 자기도 미안하겠지. 쳇, 나중에 어떻게 수습하는지 보자구. 김치를 쭉쭉 찢어 김 나는 고구마에 올려 배부르게 먹었다. 화나고 서운해 울어가면서도 먹을 건 다 먹는 나를 보며 '너도 참 대단한 아줌마구나.' 생각했다. 배가 부르니 화도 좀 누그러지고 이런저런 것들을 따져 생각하는 것도 귀찮아졌다. '담부턴 한 번 안 먹겠다고 하면 두 번 다시 권하지 말고 나 혼자 다 먹어야지.' 결심했다.

배부르게 먹고 잠시 누워 있었더니 남편이 나가자고, 준비하라고 부른다. 남편의 목소리는 평상시와 다름없다. 나도 아무 일 없던 것처럼 일어나 아이에게 옷을 입히고 함께 길을 나선다. 한바탕 울고 배불리 먹은 뒤인지라 다시 화낼 마음은 이미 사라져버렸다. 남편도 나름대로 미안했으려니 하고 맘 편하게 생각한다. 발끈하고 부르르하고 울고불고 씩씩거렸어도 또 이렇게 아무렇지 않게 같이 나갈 수 있는 게 부부 아닌가. 뒷좌석에 앉아 다리를 남편 쪽으로 주욱 뻗어 보조석 쪽에 올리니, 남편이 한 손으로 내 발을 감싼다.

남편은 속으로 자기처럼 속 넓은 남자라서 나같이 까다로운 여자를 데리고 산다고 생각하는지 모르지만 나 역시 속으로 나처럼 사소한 일로 오래 꽁하지 않는 맘 넓은 마누라인 것을 남편은 고마워해야 한다고 여기며 맘이 편해진다. 어쩌면 남편과 나는 속으로 다른 생각을 하며 서로 편안해지고 있는지도 모른다. 이렇게 삐걱거리던 남자와 여자는 또 금실 좋은 한 쌍이 되어 한 차를 타고 간다. 부부란 때로 참 우습고 재미나는 사람들이다.

친정엄마와 함께한 화요일

· · ·

엄마만 오면
나도 어쩔 수 없이 엄마가 좋고,
엄마가 필요한 어린 딸이 된다.

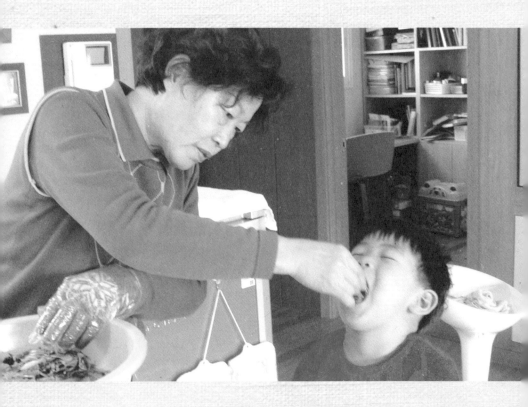

《모리와 함께한 화요일》이라는 책이 있다. 영문판까지 사서 몇 번이고 읽을 정도로 좋아하는 책이었다. 루게릭병에 걸려 몸이 점점 굳고 죽음에 다가가는 모리교수와 그의 제자가 매주 화요일마다 만나 나누는 이야기들이 감동적으로 담겨 있다. 그 제자에게 화요일은 아마도 오래오래 특별한 의미로 남아 있으리라.

나에게는 '엄마와 함께한 화요일'이 있다. 언제부턴가 친정엄마가 매주 화요일마다 우리 집에 오셔서 한나절을 지내고 가시게 된 거다. 일년 쯤 전인가, 문득 엄마 생각이 나 친정에 전화를 했더니 "그냥 네 집에 가고 싶어 나설까 하다가 그만두었다. 너한테 물어보지도 않고…." 하시는 거다. 여가활동이 따로 없는 엄마는 이따금 딸들 집에 다녀가시는 걸 큰 즐거움으로 삼고 계시다는 것을 알고 있었기에, 부모가 자식 집에 왜 허락을 받고 오시려고 하냐며 화를 내고는 지금 당장 오시라고 했다. 엄마는 바로 전철을 타고 오셨고 함께 장도 보고 얘기도 하며 즐겁게 지냈다. 나는 그날부터 엄마가 좋으시면 아파트에 장이 서는 매주 화요일에 우리 집에 오시라고 했다. 엄마는 비가 오나 눈이 오나 매주 화요일 오전 11시 무렵에 우리 집 벨을 누르셨다. 엄마와 함께하는 화요일은 그렇게 시작되었다.

친정엄마가 오시면 필규가 제일 좋아한다. 엄마는 위로 손자 둘을 먼저 두셨지만, 멀리 살아서 자주 볼 수 없었기에 손주가 귀여운 줄 모르고 지내셨다. 그러다가 가까이에 사는 내가 아이 낳고 자주 오가게 되자, 엄마는 비로소 눈에 넣어도 안 아픈 손주 사랑을 알게 되셨다. 책도 읽어주시고 장난감 놀이도 해주시고, 침대에 함께 뒹굴며 놀아주

실 때는 필규와 엄마가 깔깔거리며 웃는 소리가 온 집에 가득하다. 엄마가 집에 있다는 생각만으로도 얼마나 뿌듯하고 든든한지. 엄마만 오면 나도 어쩔 수 없이 엄마가 좋고, 엄마가 필요한 어린 딸이 된다.

결혼 준비를 할 때 언니가 일러주던 말이 생각난다. "살림 같은 거
사러 갈 때, 엄마 꼭 모시고 가. 같이 고르고 구경하고. 엄마는 그런
거 못 해보셨잖아. 엄마도 물건 구경하고 사는 거 얼마나 좋아하시는
데." 반짝이는 새 살림, 그릇들과 이불, 자잘한 소품들을 함께 고르던

엄마의 표정이 떠오른다. 당신과 당신 살림을 위해서는 이제껏 단 한
번도 새 것들을 많이 사본 적이 없는 엄마다. 지금도 넉넉하지 못한 친
정 살림을 아끼고 아끼며 꾸려가신다. 친정보다 훨씬 넓고 편한 딸네

집에서 엄마는 일주일에 한 번씩 휴가를 맞듯 계셨다 가신다.

환갑이 넘으셨지만 아직도 출가 못한 두 자녀와 남편 뒷바라지에 늘 고단하신 엄마. 당신도 일주일에 한 번쯤은 누군가 차려주는 밥이 그리울 것이다. 소박한 반찬들이지만 딸이 차려주는 밥상, 딸과 엄마만 나눌 수 있는 사소하고 정다운 얘기들이 좋으시리라. 이따금 딸과 함께 산책도 하고, 장 보고 쇼핑하는 일들이 엄마는 즐거우시리라. 매번 돌아가실 때면 "다음 주에 올게." 하며 가신다. 그렇게 얘기 안 하면 내가 안 기다리기라도 할 것처럼 말이다.

엄마는 김치도 담가 오시고, 재래시장에서 산 싸고 싱싱한 푸성귀들을 챙겨 오시기도 한다. 때로는 우리 집 냉장고에서 시들어가는 채소나 오래된 과일들을 말끔히 걷어 가시기도 한다. 나는 엄마와 함께 장을 보면서 친정에서 드실 반찬거리나 과일을 사드린다. 가끔은 월말에 가계부를 정리하며 엄마가 오시면서부터 생활비가 더 드는 게 아닌지 따져보며 슬며시 부담스러울 때도 있다. 그러다가 이내 부모에게 쓰는 작은 돈을 아까워하는 내가 부끄러워진다. 내가 사드리는 푸성귀며 과일들이란 사실 엄마가 매주 화요일마다 가져다주시는 것들에 비하면 너무나 작고 사소한 것이다. 전철을 두 번이나 갈아타며 한 시간 반을 걸려 찾아오시는 엄마의 정성 속에는 손자에 대한 따뜻한 할머니의 사랑, 변함없는 애정으로 살펴주고 싶은 자식 사랑이 있기 때문이다.

오늘은 동네에 있는 대형마트에 들렀다가 엄마에게 선글라스를 하나 사드렸다. 나이가 들면서 엄마는 눈가가 자주 짓물렀다. 바람만 쐬어도 햇빛이 부셔도 눈가가 붉어지고 눈물이 나곤 한다. 몇 해 전부터 아빠와 해외여행을 가실 때면 내 선글라스를 빌려드리곤 했다. 그러면서 엄마에게 하나 사드릴 생각은 하지 못했다. 왠지 엄마가 선글라스를 낀다는 게 어색했던 것이다. 그러나 오늘 매장에서 선글라스를 엄마에게 권해보니 퍽이나 잘 어울렸다. 짓물러 있는 눈매도 가려지고, 훨씬 세련되고 근사해 보였다. 엄마는 오래오래 고르시다가 그중 하나를 선택하셨다. 4만 원도 채 안 되는 값싼 선글라스를 두고 "이렇게 비싼 걸 사줘서 어떡하냐…." 걱정하셨다. 내 것은 그 다섯 배쯤 비싸지만 엄마 것은 매주 오시는 것이 미안하지 않을 선에서 고른다. 그래야 엄마도 나도 마음이 편하다.

여행 갈 때도 꼭 하시고, 시장 갈 때도 꼭 하시고, 겨울에 눈이 많이 오거나 햇빛이 밝아도 꼭 하시라고 말씀드렸다. 선글라스는 멋이 아니라 눈 건강을 위해 하는 거라고 강조했다. 엄마는 딸의 말을 열심히 듣고는 밖에 비가 내리고 대형마트 안인데도 선글라스를 끼고 나머지 쇼핑을 하셨다. 그 모습이 얼마나 사랑스럽고 또 애틋해 보였는지 엄마는 모르리라. 오렌지 한 봉지, 당근 서너 개, 바나나 한 송이와 안경집이 들어 있는 장바구니를 소중히 들고 엄마는 흐린 오후에 총총히 당신 집으로 가셨다. "다음 주에 올게…." 인사를 남기시고.

5월 중순에 이사를 해야 하는데 아직 집을 구하지 못했다. 남편이 용인 쪽으로 알아보고 있다는 얘기를 듣고 "전철이 안 닿으면 나는 앞으론 못 다니겠다…." 하셨다. 행여 자식들이 신경 쓸까 말을 줄이셨지만, 나는 안다. 손자와 딸과 함께하는 화요일이 주는 즐거움과 행복이 엄마에게 얼마나 소중한지. 그래서 이사를 준비하는 마음이 조금은 무겁다. 엄마 때문에 이사 갈 집을 정하지는 않겠지만, 엄마의 낙과 즐거움이 사라지는 것을 원하지도 않기에 고민은 깊어진다.

앞으로 어디에 살든 엄마가 이렇게 일주일에 한 번씩 편하게 오셔서 손주와 함께 마음껏 웃고, 따뜻한 물이 펑펑 잘 나오는 욕실에서 목욕도 하시고, 딸이 등도 밀어드리고, 당신은 절대 가득 채워보지 못하는 쇼핑카트를 푸짐하게 채우고 함께 밀며 사소하고 작은 행복들을 누리시길 바란다.

"다음 주에 올게…."

이 말을 오래오래 들었으면 좋겠다고 생각하는 중에 나는 다시 엄마가 보고 싶어 코끝이 찡해진다. 낼 모레면 마흔인데, 자식은 부모 앞에선 한없이 어린 아이일 뿐인가 보다.

그 해 5월, 살고 있던 아파트 옆 동으로 이사해

엄마와 함께하는 화요일은 오래 이어졌다.

몇 년 후엔 전철로 한 정거장 더 가는 곳에 있는 아파트로 옮겼다가

지금은 거기에서 차로 5분쯤 떨어진 단독주택으로 이사와 살고 있다.

지금도 엄마는 일주일에 한 번씩 전철과 마을버스를 타고 우리 집에 오신다.

이젠 딱히 화요일이 아니라도 언제고 오시고 싶을 때 오셔서

텃밭 농사도 거들어주시고 셋으로 늘어난 손주들도 봐주신다.

엄마가 우리 집에 오시는 일,

마흔 넘은 나이 든 딸에게도 세상에서 제일 좋은 일이다.

흙에서 키우는
공동육아
어린이집을
선택하며
...

공동육아는
인지학습을 시키지 않는 대신
비가 오고 눈이 와도
바깥나들이는 꼭 한다.

　여섯 살 된 필규가 공동육아 어린이집에 다니기 시작했다. 공동육아란 부모들이 조합을 만들어 말 그대로 '함께 아이를 돌보는 것'을 말한다. 필규는 다른 교육기관에 다녀본 적이 없고 여섯 살이 되었지만 계속 내가 데리고 있을 생각이었다. 필규 역시 그걸 원했다. 하지만 필규는 여섯 살 사내아이답게 뛰고 달리고 또래와 함께 어울리는 것을 갈망하기 시작했다. 지극히 당연한 일이다. 필규에게는 넓은 마당, 안전한 골목, 다정한 친구들, 건강한 자연, 다양한 활동이 필요했지만 엄마인 내가 그것을 다 줄 수는 없는 노릇이었다.

　다른 결정을 할 때가 되었다고 느끼던 차에 산본에도 공동육아 조합이 있다는 걸 알게 되었다. 그곳에서 만난 부모들이랑 아이들과 반나절을 신나게 어울리던 필규는 '감나무 어린이집'이라면 다니고 싶다고 얘기했다. 그렇게 필규의 공동육아 생활이 시작되었다. 일반 유치원은 부모가 원비를 내고 아이들을 보내지만 공동육아는 아이들이 함께 지내는 공간을 부모들의 출자금으로 마련하고 모든 운영비 역시 부모들이 부담하며 아이들을 함께 키우는 공동체다. 육아를 전공하고 공동육아에 경험이 있는 전문 교사들이 아이들을 돌보지만, 부모들도 운영 및 교육, 홍보, 시설 등 각자 역할을 맡아 함께 활동한다.

감나무 어린이집은 특히 자연환경이 좋다. 주변에는 저수지와 산이 이어져 있고 모래밭과 오리 축사가 있는 마당은 아이들이 축구를 할 만큼 널찍하다. 바로 앞엔 작은 개울도 흐른다. 식단은 모두 유기농으로 마련하며 교사들은 아이들에게 세심한 관심을 기울이고 있었다.

공동육아를 선택한 가장 큰 이유는 엄마와 아빠 모두의 참여가 전제되어야 한다는 점이 좋았기 때문이다. 그저 재롱잔치나 큰 행사 때만 가보는 게 일반 유치원의 아빠들 몫이라면 공동육아는 아빠들이 어린이집 운영에 엄마들과 같은 비중으로 참여하고 역할을 맡는다. 주말이면 아빠들이 모여 공간을 수리하고 모임을 갖는 일이 흔하다.

부모가 함께 받아야 하는 교육도 있고, 의무적으로 참석해야 하는 각종 운영 모임도 있다. 그러다 보니 모든 부모들이 서로를 잘 알고, 아이들도 잘 알게 된다. 급한 일이 있으면 서로 아이들을 맡아주고, 한 가정에 어려운 일이 생기면 다른 가정들이 함께 도와주며 공동체를 이루어 간다. 일반 유치원이라면 기대하기 어려운 관계와 나눔, 교류가 가능한 것이 공동육아의 가장 큰 장점이다.

그러나 조합원 출자금(나중에 이 돈은 돌려받는다)도 따로 내고, 높은 교육비에, 부모가 쏟아야 하는 시간이 사실 만만찮다. 또 들어갈 수 있는 인원이 한정되어 있어 몇 년씩 대기하는 경우도 있다. 그래서 문턱

이 높다고 생각할 수도 있으나 양질의 식사와 간식, 교사의 세밀한 관심과 관계의 질, 주말에도 터전에 나와 마음껏 놀 수 있는 조건들을 생각하면 부담하는 돈이나 노력이 결코 과하다는 생각은 안 든다. 교육비도 아이를 유치원에 보내고 피아노나 태권도 등 학원 두 곳을 기본으로 보내는 보통의 집에서 아이 하나에 들어가는 돈과 비슷하다고 보면 된다.

공동육아는 인지학습을 시키지 않는 대신 비가 오고 눈이 와도 바깥나들이는 꼭 한다. 감나무 아이들에게는 자연과 친하게 지내는 것이 가장 큰 공부다. 자연스럽게 한글 정도는 익히게 하지만 영어나 수학 공부 따위는 없다. 대신 전래놀이를 배우고, 바느질도 익히고, 책 읽고 그림 그리고, 신나게 뛰어 논다. 어린 아이라도 영어쯤은 가르쳐야 하고, 조기교육이 중요하다고 믿는 부모라면 보낼 수 없을 것이다.

처음으로 참석했던 방모임이 밤 11시가 넘어서야 끝났다. 부부 둘 다 대부분 직장에 다니는 부모들이 한 달에 한 번 저녁 때 모여 교사와 함께 아이들의 한 달 생활에 대해 의논하고 얘기하는 모임인데, 참석한 부모들의 열의와 관심이 대단했다. 그동안 시간에 구애받지 않고 아이들과만 지내온 나에게도 당분간 여러 가지 도전이 될 것 같다.

첫 일주일 동안 필규는 아이들과 잘 놀고 잘 먹지만 나와 떨어지는 것을 너무 힘들어했다. 만 5년을 엄마와 떨어져본 적이 없는 데다 워낙 마음이 여린 탓에 분리의 고통을 겪고 있는 중이다. 필규에게도 나에게도 당분간 쉽지 않은 시간이 될 듯하다. 가끔은 아이가 너무 힘들어해서 내가 제대로 선택한 일인지 흔들리기도 하지만 자연스런 적응기를 보내는 중이라고 믿고 있다. 감나무를 통해 우리 가족 모두가 한층 더 성장하게 되기를 바란다.

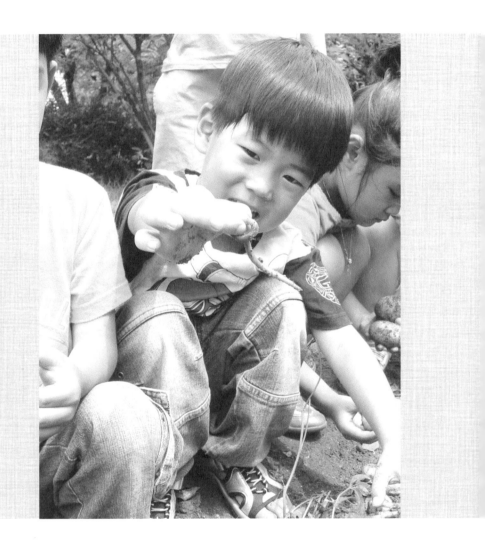

가짜 말고 진짜 배움을 주자

...

아이들에게 필요한 시간이란
이렇게 평범한 자연 속에서
시간을 잊고 빠져드는 것일지도 모른다.

생각해보면 정말 그렇다. 마당을 가로지르는 개미들을 발견하고 시
간 가는 줄 모르고 쪼그려 앉아 들여다보거나, 웅덩이에 고인 흙탕물
과 진흙을 이겨 둑을 만들고 물길을 내느라 밥 때가 지난 줄도 모르거
나, 또 친구들과 산과 들로 쏘다니다가 저녁 늦게 집으로 돌아오던 어
린 날이 내게도 있었다. 칡뿌리 캐느라 시간 가는 줄 모르고, 냇가에서
송사리 잡느라 한나절을 다 보내고, 수수깡 꺾고 까마중 따느라 한참
을 앉아 있던 어린 날은, 뒤돌아보면 갈피마다 빛나는 추억들이 가득
하다.

어른이 되고, 결혼을 해서 아파트 숲에 집을 얻고, 두 아이를 낳아
기르다보니 내가 누린 그 가난하고 남루하기까지 하던 어린 시절이 얼

마나 귀하고 아름다운 경험들과 시간들로 가득했었는지 깨닫게 된다. 우리네 어린 시절의 경험과 재미란 몸으로 부딪히면서 느끼는 것이었다. 놀이는 일상과 한데 어울려 있었고, 거기서 배움이 자라났다. 배운다는 것은 내 주위의 세상에 더 깊숙이 빠져드는 일이었다.

요즘 아이들은 진짜가 아닌 가짜를 통해 재미를 느낀다. 손바닥 안에 쏙 들어가는 닌텐도 게임기를 열면 온종일 매달려도 지루하지 않은 가짜 세계가 펼쳐진다. 책과 텔레비전을 통해 다양한 것들을 보지만 몸으로 겪는 일은 아니다. 배움은 나날의 체험에서 동떨어져 책과 영상 안에 들어 있다. 머리로는 알지만 몸은 느껴보지 못하는 배움, 눈으로는 봤지만 손과 발은 경험해보지 못한 세상이란 얼마나 공허한가. 아이들은 똑똑해지지만 몸과 마음이 같이 영글어가지는 못한다. 아이들의 시간은 쪼개지고 갈라져서 유치원과 학원 시간으로 채워져 있다. 학원 버스에 올라타는 아이들의 작은 어깨를 보면 늘 맘이 아프다.

필규를 감나무 어린이집에 보내고부터 어린 날의 시골 마을을 다시 만나고 있다. 그곳엔 맑은 개울이 흐르고 밭 갈고 논일하는 어른들이 있고, 푸성귀들이 자라는 밭들이 있고, 나무와 흙과 새들과 벌레들이 어디나 눈에 띄는 그런 곳이다. 감나무 아이들이 낮잠을 자는 오후 두 시쯤 필규를 데리러 가면 셋이서 근처를 돌아다니며 산책도 하고 놀이도 한다. 오늘 필규는 감나무 앞을 흐르는 개울에서 한참을 놀았다. 송사리, 소금쟁이, 도롱뇽도 있고 물풀도 자라는 개울. 필규는 샌들을 신고 물속에 첨벙 들어가 돌을 옮겨서 둑도 만들고 물길도 내면서 저 혼자 재미나게 놀았다. 어느 돌이 적당할지 궁리도 하고, 제법 큰 돌도 영차영차 나르고, 그러다가 옆을 오가는 소금쟁이를 잡아본다고 헛된 손짓도 하면서 주위의 자연에 그대로 빠져 있었다.

두 발로 느끼는 차가운 물, 미끈거리는 돌들, 세찬 물의 흐름, 바람과 햇빛, 비릿한 물 냄새 속에서 힘을 들여가며 애를 쓰고, 노력의 결과를 음미하고, 다시 다른 것을 해보는 동안 재미와 배움은 완벽하게 하나가 되어 아이를 채운다. 그 시간은 충만하고 행복하다. 아이에게 새롭고 특별한 것을 체험시키려고 주말마다 박물관과 체험장으로 아이들을 데리고 다니느라 애쓰는 부모들이 많지만 어쩌면 아이들에게 필요한 시간이란 이렇게 평범한 자연 속에서 시간을 잊고 빠져드는 것일지도 모른다. 냇가에서 혹은 흙 속에서 질리도록 범벅이 되어 놀아보는 일. 내가 두 아이에게 주고 싶은 어린 날은 이런 시간들로 넘치는 날들이다.

오빠가 물놀이에 빠져 있는 동안 윤정이는 감나무집 마당을 기어 다니며 놀았다. 콧물을 줄줄 흘려가며 흙도 파고 돌도 줍고 풀도 입에 넣어보면서 좋아했다. 물놀이에 싫증이 난 필규가 마당에 있는 커다란 느티나무에 기어 올라가는 동안 윤정이는 나무에 달아놓은 그네를 오래 오래 탔다.

아이들을 유치원에 보내고 엄마들은 마트나 문화센터에도 가고, 느긋하게 홈쇼핑 채널도 돌리고, 이웃에 마실도 다니겠지만 나는 두 살 난 딸아이의 그네를 수없이 밀어주고, 나무에 올라간 아들의 모습을 지켜보는 일로 충분히 행복했다.

쇼핑도 못 하고, 수다도 못 떨고, 동네 목욕탕 한 번 가볼 여유도 없지만 인생이라는 기나긴 날들 가운데서 아주 잠깐 눈부시게 빛나는 아이들의 어린 시절을 함께 누리고 즐기는 기쁨에 비할 것은 아무것도 없다. 이 시간이 지나면 넘치도록 많은 시간들이 올 텐데, 눈 깜짝할 사이에 지나는 이 귀한 시간을 어떻게 낭비할 수 있을까.

나는 두 아이에게 상품이 된 배움을 주고 싶지 않다. 도심에 넘쳐나는 무슨무슨 스쿨이나 프로그램에 아이들을 넣기보다 그냥 이렇게 자연 속에 풀어놓고 스스로 재미난 것들을 찾아가며 놀게 하고 싶다. 박

냇가에서 혹은 흙 속에서 질리도록 범벅이 되어 놀아보는 일.
내가 두 아이에게 주고 싶은 어린 날은 이런 시간들로 넘치는 날들이다.

제처럼 가공된 창의력과 사회성, 지능개발이 아이들을 행복하게 해줄 수 있을까. 발가락 사이를 지나가는 냇물의 느낌이란 그 속에 첨벙 들어가보지 않고서는 도저히 알 수 없다. 몸으로 경험한 것은 진짜 지식과 체험이 되어 아이 속에 남는다. 그것들이 아이를 더 깊게 제 삶 속으로 이끄는 것이리라.

자연 속에서 아이들은 건강하게 자란다. 두 아이와 함께하는 동안 나도 같이 어려져서 지난 시절들을 다시 만난다. 나 역시 자연 속에선 영원히 나이 먹지 않는 아이이기에.

머리로는 알지만 몸은 느껴보지 못하는 배움.
눈으로는 봤지만 손과 발로 경험해보지 못한 세상이란 얼마나 공허한가.

아이들에게도 자기만의
아지트가 필요하다
...

정말 중요한 것은
아이에게 끊임없이 무언가를 해주는 것이 아니라,
무언가를 해주고 싶은 마음을 다스리는 것 아닐까.

윤정이를 재우느라 오래 젖을 물리다가 나와보니, 필규 모습이 보이지 않는다. 좁은 우리 집에서 필규가 콕 박혀 있을 곳은 딱 한 군데, 바로 제 아지트다. 들여다보았더니 역시나 세상에서 가장 편한 자세를 하고 마른 오징어를 질겅거리며 좋아하는 책에 빠져 있다.

방이 두 칸밖에 없는 우리 집에서 필규만의 공간을 만들어주겠다고 고심하다가 생각해낸 곳이 확장한 베란다 한구석이었다. 커다란 미끄럼틀이 있어 어느 정도 공간이 구분되기도 하고 벽에 책장도 달려 필규가 좋아하는 책들을 꽂아둘 수도 있다.

처음엔 바닥에 예쁜 방석도 깔아주고 아담하게 정돈도 해주었지만 그게 며칠 갈 리가 없다. 아지트는 말 그대로 필규만의 공간으로 순식간에 뒤죽박죽되어 버렸다. 그 좁은 공간이 때로는 작업실이 되어서 무얼 만드느라 뚝딱거리기도 하고, 엄마랑 싸우고 나면 한동안 말 안하려고 숨어버리는 은신처도 된다. 또 윤정이랑 둘이서 한데 엉켜 깔깔거리는 놀이터가 되기도 하지만 주로 이렇게 자기가 좋아하는 것들에 둘러싸여 맘껏 편안한 자세로 책을 읽는 공간이 된다.

이런 자세로 책을 읽어가면서 과일을 내놓으라느니, 물을 가져오라느니 나만 부려먹는다. 그럴 땐 괘씸하기도 하지만 나도 좋아하는 책에 빠져 있을 때 꼼짝하기 싫은 마음을 잘 알기 때문에 툴툴거리면서도 심부름을 다 해준다. 그럴 때 녀석은 책에서 눈도 돌리지 않고 "엄마, 고맙습니다." 한다.

가끔 아이가 없을 때 아지트를 둘러보면 어수선한 모양새에 할 말을 잃기도 하지만 모른 척 놔두고 있다. "아지트 좀 정리해야 하지 않을까?" 했더니 "아니요, 여긴 내 작업실이라구요. 나는 이게 편하고 좋아요." 한다. "그래? 그럼 정리할 마음이 생겼을 때 얘기해. 엄마가 도와줄게." 하고 말았다. 어찌 되었건 그곳은 필규의 공간이니 아이의 생각을 존중해주고 싶었고 그 모습이 정말 부럽기도 했기 때문이다.

나도 이렇게 맘대로 어질러놓고 그 안에서 몇 시간이고 푹 박혀 있어도 좋은 공간이 있으면 좋겠다. 좋아하는 것들에 둘러싸여서 좋아하는 책을 실컷 볼 수 있다면 얼마나 좋을까. 누가 치우라고 잔소리하는 일도 없고, 책을 읽든 일기를 쓰든, 바느질을 하거나 그림을 그리든 하고 싶은 일에 빠져들 수 있는 공간. 우리의 상상력이나 호기심, 끈기와 관심들은 그런 곳에서 한껏 깊어지고 넓어지고 또 새로워지는 법이다. 나는 지금도 그런 공간을 열렬히 열렬히 소망하기 때문에 필규의 마음을 너무나 잘 이해할 수 있다. 작은 공간이지만 제 의지대로, 제 계획과 마음 가는 대로 어지르고 흩어놓고 또 펼쳐놓으며 그 안에서 좋아하는 일에 빠져들 수 있으니 얼마나 좋은가.

어떤 일이든 좋다. 아이가 제 흥미와 관심에 빠진 시간은 참으로 중요하다. 우리는 누구나 무언가에 홀려 시간을 잊고 빠져들어 본 기억이 있다. 그 순간에는 세상에 오로지 나와, 내가 지금 몰두해 있는 대상만 존재한다. 시간도, 배고픔도, 심지어는 오줌 마려운 것도 잊고 빠져드는 깊은 몰두. 이따금 필규가 허겁지겁 고추를 감싸 쥐고 화장실로 뛰어갔다가 다시 벌려놓은 것들로 재빨리 뛰어가는 모습을 보면 참 예쁘고 부럽다.

어른들이 짜놓은 시간표대로 움직이는 아이보다 제 마음과 감각이 만들어내는 시간에 빠져들고 머물 수 있는 아이들이 더 건강하다고 믿는다. 누구와 어디서 무엇을 해야 하는지 정해져 있지 않은 시간을 스스로 궁리하고 조작하고 채워가며 보낼 수 있는 아이라면 텔레비전이나 컴퓨터 게임이 없어도 재미나게 지낼 수 있다.

무언가 외부에서 주는 자극이 없으면 금방 "심심해!"를 연발하는 아이들이 너무 많다. 아이들이 심심해하면 금방 불안해지는 엄마들도 많다. 그런 엄마들은 아이에게 뭔가를 해줘야 한다는 생각에서 자유롭지 못하다. 정말 중요한 것은 아이에게 끊임없이 뭔가를 해주는 것이 아니라, 뭔가를 해주고 싶은 마음을 다스리는 것이 아닐까. 하릴없이 빈둥거리며 뒹굴거리고, 혹은 대수롭지 않아 보이는 일에 매달려 몇 시간을 보내더라도 조바심 없이 인정해주고 느긋하게 지켜보는 마음에서 아이는 제 안에 있는 것들을 더 크고 깊게 키울 수 있을 것이다.

필규가 아지트에서 킥킥거린다. 틀림없이 또《땡땡의 모험》에 빠져 있을 것이다. 저러다가 또 기분이 내키면 금방 뚝딱뚝딱 무언가를 만들고 나와서 자랑할 것이다. 날은 춥지만 필규의 아지트는 아이의 에너지로 늘 후끈하다.

사랑해, 사랑해, 사랑해!

...

마음만이 아니라 말로 전해줘야 한다.
아쉽지 않게, 허기지지 않게, 부족하지 않게 들려줘야 한다.

주방에서 저녁 먹은 설거지를 하고 있는데 마루에서 블록을 가지고 놀고 있던 필규가 문득 달려와 앞에 선다.

"엄마, 귀 좀 빌려주세요. 비밀 얘기가 있어요."

"그래? 뭔데?"

고무장갑 낀 손에서 물이 떨어질까 봐 조심하며 몸을 낮추어 귀를 대주었더니 "엄마, 사랑해요." 속삭이고는 싱긋 웃는다.

"엄마도 사랑해." 했더니 활짝 웃으며 다시 장난감 쪽으로 달려간다.

화장실에서 열심히 힘주고 있는데 필규가 문을 연다.

"엄마, 참, 할 말이 있어요."

"뭔데? 엄마, 응가하고 있잖아."

"사…랑…해…요…."

"아이고, 알았어요. 엄마도 사랑해요."

필규는 빙긋 웃으며 화장실 문을 닫고 사라진다. 윤정이 손을 잡고 산책 나간 길가에서, 잠자리에 누웠는데 별안간 몸을 기울이면서, 또 마루에 엎드려 열심히 책을 들여다보다가 갑자기 나를 보며 "엄마, 사랑해요." 외친다.

남편이 멀리 여수에 출장 가 있는 밤에 윤정이랑 침대에서 같이 누워서 잠을 청하다가 또 잊고 있었다는 듯 내 귀를 빌리더니 "엄마, 사랑해요." 한다.

"엄마도 사랑해…."

"그리구요, 엄마… 좋아해요."

"고마와."

"또 깜박 잊었어요. 엄마가… 예뻐요."

"아이구, 황홀해라. 엄마도 필규 사랑하고, 좋아하고, 예뻐한다." 했더니

"그런 말 하지 마세요. 너무 예쁜 말이잖아요." 한다. 우린 둘 다 킬킬거리며 서로를 끌어안고 뒹굴거렸다. 그러다가 필규는 잠이 들었다.

필규랑 많이 싸우고 서로 미운말도 주고받고 잔소리도 많이 하고 화도 잘 내지만 그래도 제일 많이 하는 말은 "사랑해~"다. 아무렇지 않게, 그저 평범한 어느 순간 문득문득 나는 "사랑해~"라고 말한다. 익숙해진 아이는 수없이 퍼부어지는 엄마의 고백에 "나도요." 혹은, "나도

사랑해요." 하고 대답한다. 잘 알고 있는 일이어서 새삼 좋아하거나 놀랄 필요도 없다는 듯, 그저 자연스럽게 고개를 끄덕인다.

사랑이란 일상에 늘 흐르는 마음이기도 하지만 나에게는 분명 '표현'이다. 나는 마음만 품고 있지 않는다. 언제라도 아이가 예쁠 때, 혹은 아이가 기운 없을 때, 또는 그저 서로 편안하고 좋은 아무 때, 힘들거나 고단해서 지쳐 있을 때라도 필규를 불러 내 고백을 들려준다. 그리고 서로 빙긋 웃는다. 필규가 무얼 해주었거나 어떤 아이여서가 아니라, 혹은 지금이 특별한 순간이라서가 아니라 그저 이 순간 아이에게 툭 하고 내 마음을 전해준다.

말이란 신비하다. 마음이 그렇다고 해도 그것을 말로 다시 꺼내는 순간, 마음은 또 한 번 새롭게 차오른다. 한 번, 두 번, 열 번을 해도 그렇다. 그래서 나는 굳이 '사랑'을 말하고 들려준다. 고맙다는 인사를 많이 받은 아이는 저도 고맙다고 말할 줄 알게 된다고 믿는다. 말이란 게 그렇다. 자기가 많이 들었던 말을 되돌려주기 마련이다. 나는 "사랑해~"라는 말을 제일 많이 아이들에게 들려주었고, 그런 말들을 어렵지 않게, 자연스럽게 하게 되기를 바랐다.

젊은 시절 그렇게 여러 번 연애를 하면서 나는 정작 "사랑해"라는 말을 해보지 못했다. 마치 이 말을 꺼내기라도 하면 둘 사이의 관계가 깨질 것만 같고, '사랑'이라는 말을 도무지 믿을 수가 없어서 그저 에둘러 다른 말을 하면서 마음만 졸이다 서로 멀어지곤 했다. 이게 정말 사랑일까? 이 말을 해도 괜찮을까? 저 사람도 같은 마음일까? 아니면 어떡하지? 늘 안고 있던 불안을 들킬까봐 '사랑'이라는 말은 차마 입에서 꺼내볼 수 없었다. 결국 불안과 염려대로 편치 않던 관계들은 모두 깨지고 멀어져갔다. 내가 '사랑'을 그렇게 무겁고 어렵고 심각하게 여기며 신주단지처럼 마음속에만 꼭꼭 넣어두고 있었으니 사랑이 잘될 리가 없었다. 깊이 숨겨둔 것일수록 쉽게 잃어버리는 것이 세상 이치가 아닌가.

지금 나에게 '사랑'이란 심각할 것도, 두렵거나 특별할 것도 없다. 아무 때나 사랑을 외치고, 어디서나 사랑을 펼치며 누구에게나 내보인다. 젊은 날 그늘에 숨겨만 두던 내 사랑들은 이젠 모두 햇볕 아래 나와서 양껏 볕을 쬐고 있다. 두 아이를 키우며 나는 그 어느 때보다도 사랑을 많이 말하고 많이 보여준다. 아이의 손을 잡고 걸으면서, 목욕시킨 아이의 몸을 닦아주면서, 설거지를 하거나 빨래를 널면서도 나는 "필규야, 윤정아, 사랑해!"를 외친다. 그리고 그때마다 새롭게 행복해진다.

부부간의 갈등이나 부모와 자식 간의 불화에는 모두 표현에 인색했다는 공통점이 있다는 걸 발견하곤 한다. 야속하고 밉고 힘들고 지치는 관계 속에서 서로를 풀어주고 녹여주는 한마디 말은 "사랑한다"일 것이다. 그 한마디가 듣고 싶었다는 아내, 그 한마디가 늘 아쉬웠다는 아이들, 혹은 끝내 그 한마디를 전해줄 기회를 잃고 멀어진 사람들의 안타까운 사연이 어디서나 넘친다. 사람의 마음은 말 한마디로 풀어지고 채워지고 충분해진다. 말해야 한다. 마음만이 아니라 말로 전해줘야 한다. 아쉽지 않게, 허기지지 않게, 부족하지 않게 들려줘야 한다.

사랑한다고 말하면서, 듣는 아이들도 하는 나도 행복해진다. 아낄 이유도 참을 이유도 없다. 서로 행복해지도록 생각날 때마다, 마음껏 서로 들려주면 된다. 말이 없고 무뚝뚝한 남편에게도 삼사 년을 간지럽게 들려주었더니 이따금 출근하느라 현관문을 닫다 말고 "여보, 사랑해"를 속삭일 줄 알게 되었다. 멋지다. 돈이 드는 것도 어려운 일도 아니지만 들을수록 전할수록 기운이 나고, 맘이 따뜻해지고, 행복해진다.

오늘도 나는 이미 깊이 잠든 필규의 귀에 대고 "엄마 아들로 태어나 줘서 고마워. 사랑해, 사랑해, 사랑해." 뜨겁게 속삭인다. 희미한 스탠드 불빛 아래서 나는 곤하게 잠든 아이의 얼굴에 언뜻 스치는 가느다란 미소를 보았다. 사랑은 머나먼 꿈속까지 전해지는 법이다. 가족과 멀리 떨어져 출장 간 곳의 낯선 여관방에서 자고 있을 남편에게도 "사랑해"라고 속삭인다. 분명 남편은 잠결에 내 마음을 느낄 것이다. 그게 사랑이다.

남편의 장난감

• • •

우리는 아이를 통해 비로소
우리 안에 여전히 존재해 있었던
어린 시절의 소망들을
다시 만나게 된다.

고장 난 카메라를 서비스 센터에 맡기고 슬렁슬렁 집으로 돌아오던 토요일 오후 세 시. 그냥 집으로 돌아가기엔 왠지 심심했기에 대뜸 "과천과학관이나 갈까?" 했다. 나와 아이들은 두 번이나 갔지만 남편은 안 가봤으니까 모처럼 온가족이 함께 폐관 시간까지 어슬렁거려도 좋을 것 같았다.

우리 가족이 본래 이렇게 무계획적이다. 그리하여 우리는 세 시 넘어 사람으로 붐비는 과천과학관에 들어가 구경하기 시작했다. 공룡뼈도 보고, 수족관의 물고기도 보고, 최첨단 시설을 소개해놓은 코너에 들어가 이런저런 장비들도 작동해보는데 필규가 "엄마, 기념품 코너도 꼭 봐요." 한다. 입구에 있는 기념품 코너에 꽤 탐탁한 물건들이 많은 것을 알고 있는지라 벌써 아이 마음이 그리로 향한다.

"구경만 하는 거야. 기념품은 지난번에 샀으니까 올 때마다 사는 건 안 돼!" 이렇게 단단히 못박고 들어가긴 했지만, 남편이 필규가 원하는 걸 사줄 거라고 예상했다. '아빠가 사주는 거니까 못 이기는 척 허락해줘야지.' 마음의 준비는 하고 있었는데 남편이 아이가 사 달라는 완구를 덥석 들고 계산대에 가는 순간, 깜짝 놀라 달려갔다. 아이가 고른 것은 무려 7만9천 원짜리 프랑스산 조립 작동완구였던 것이다.

"안 돼. 그건 너무 비싸. 다른 거 해." 필규는 완강하게 고개를 젓고,

남편은 벌써 카드를 내밀고 있다. "여보, 계획에도 없었는데 이렇게 비싼 것을 애한테 사주면 어떡해!" 소리치는 나에게 "내가 사주는 거야. 가만히 좀 있어." 한다. "그래도 여보, 12월에 지출이 얼마나 많은데, 그리고 이렇게 사전에 약속하지도 않은 비싼 걸 애한테 사주면 애 버릇만 나빠진다고!"

남편은 뭐라고 한마디 하려다가 벌게진 얼굴로 화를 꾹 참고 못 들은 척 끝내 계산을 해버렸다. 필규는 좋아서 선물을 끌어안고 엄마 눈치를 보며 아빠랑 앞서 가는데, 나는 윤정이를 안고 주차장까지 걸어가면서 내내 화를 냈다. 마트 갈 때마다 장난감 코너에서 필규랑 실랑이를 벌이느라 고생하고 있는데, 엄마가 아무리 그래 봤자 아빠가 이렇게 애 원한다고 덜컥 사주면 어떻게 아이에게 원칙을 정하고 지키게 할 수 있겠냐고, 애 기분 내키는 대로 해주면 어떻게 하냐고, 돈은 안 쓰는 것보다 쓰는 게 더 쉽고 편한 거 나도 안다고, 속으로 부글거리며 이런 말들을 씹어 삼키고 있었다.

남편은 나보다 필규에게 관대한 편이다. 그래서 가끔은 필규가 몹시 원하는 것은 남편에게 일러 사주게 한다. 엄마는 아무 때나 돈을 쓰는 사람이 아님을 알고 있으니 아빠에게 그런 역할을 맡기는 것이다. 사실 남편은 퍽 알뜰한 사람인데다 술도 마시지 않고 평소에도 큰돈을 함부로 쓰는 적이 없다. 그런 걸 생각하니 조금 맘이 풀어져서 차 타고 집으로 오는 동안 "아빠가 좋은 장난감을 사주셨으니까, 오래 재미있게 가지고 놀자!"며 남편에 대한 화를 풀었다.

예상대로 이 장난감의 수준은 필규 나이를 훌쩍 넘는 것이었다. 남편은 저녁 먹은 후부터 스포츠카를 조립하기 시작했는데 어찌나 몰두하는지 한 시간이 넘도록 자리도 뜨지 않았다. 설거지를 하며 남편을 지켜보다가 "필규 장난감인 줄 알았더니, 당신 거 샀구나?" 했다.

"나… 어릴 때 이런 게 정말 해보고 싶었다! 어릴 때 이런 거 한 번도 가져본 적이 없었거든."

남편의 얘기를 듣고서야 나는 아하, 남편이 왜 군이 이걸 사려고 했는지 이해할 수 있었다. 그래… 누구나 어린 시절 갖고 싶은 물건은 있기 마련이다. 우리 시절엔 대개가 가난했었기에 그런 물건들은 늘 가질 수 없는 꿈이기 쉬웠다.

"그랬구나, 당신은 그런 게 하고 싶었구나? 나는… 현미경이 갖고 싶었어. 왜, 어린이 잡지 같은 데 보면 그런 광고들 나왔었잖아. 현미경 하나 있으면 온갖 걸 살펴보면서 정말 재미나게 지낼 것 같았거든. 그렇지만 너무 비쌌지."

"내가 크리스마스 선물로 현미경 하나 사줄게."

"하하. 이제 와서 현미경 생기면 뭘 하지?"

웃었지만 가슴은 뭉클했다. 나이 마흔이 되어가는 마누라가 어린 시절에 갖고 싶었다는 물건을 이제라도 사주겠다는 남편의 말이 내 마음을 쿵 울린 것이다. 그날 남편과 아이는 밤 11시가 넘을 때까지 머리를 맞대고 스포츠카를 조립해 기어코 작동시키고서야 자리에 누웠다. 남편은 멋지게 완성된 스포츠카를 만져보면서 마흔이 훌쩍 넘었어도 여전히 자기 안에 꿈틀거리고 있던 어린 시절의 동경과 소망을 느껴보았을 것이다.

남편이나 나나 어른이 되어 돈을 벌게 되었을 때, 그토록 갖고 싶었던 어린 날의 물건들을 사볼 생각을 왜 못했을까. 어린 날의 열정과 열망이 사라져버렸거나 소망이 있었던 것조차 기억하지 못하고 바쁘게 살아왔기 때문일까. 그렇게 살다가 자신의 어린 시절을 닮은 아이를 낳게 되고, 아이를 통해 비로소 우리 안에 여전히 존재해 있었던 어린 시절의 소망들을 다시 만나게 되는 건가 보다. 부모가 되어 좋은 건 아이를 낳고 기르는 일이, 아이가 원하는 일을 함께 해주는 것이 우리 마음속에 있는 아이를 다시 만나고 돌보는 일이 되기 때문이다.

모든 어른의 마음속에는 아이가 산다. 오랜 세월 잊고 지냈다 하더라도, 바빠서 혹은 무심해서 그 아이를 돌보지 못하고 지내더라도 아주 가끔은 그 아이의 목소리를 들어야 한다. 그 아이가 원하는 일을 해줘야 한다. 그래서 다 큰 남자 어른도 미니어처 자동차를 모으고, 연을 날리고, 혹은 헬리콥터를 조립한다. 남편이 그 아이가 원하는 것에 돈을 지불하고 있는 것이라면 너무 과하지 않는 한 모른 척해야겠다. 남편 안의 아이가 행복해야 남편도 행복할 테니.

남편이 정말 현미경을 사올까? 알 수 없다. 그래도 좋고 아니라도 좋다. 남편은 내 마음을 바로 알아주었고, 자신의 마음을 보여주었으므로 내 마음속의 아이는 그 사실로 충분히 행복했다. 남편의 장난감이자 필규의 장난감으로 올 12월은 휴일마다 집안이 후끈후끈 달아오르게 생겼다. 그 즐거움에 이따금 나도 끼어들어서 같이 몰두하고 또 기뻐해줘야지. 이런 게 행복일 것이다. 이런 게 가족일 것이다.

성탄절에 남편은 정말 내게 근사한 현미경 세트를 선물했다.
그 선물은 금방 아이들의 손에 넘어가서 이리저리 굴러다니는 신세가 되었지만
아내가 어린 시절에 그토록 가지고 싶었던 물건을 지금에라도 선물해준
남편의 마음은 두고두고 내 마음을 따뜻하게 했다.

정성으로 마무리하는 인연,
감나무야 잘 있어

• • •

어떤 일을 시작하고 끝마치게 될 때
그 일이 우리에게 준 의미만큼의 과정과 정성으로
마무리해야 한다.

필규가 '감나무 어린이집'을 졸업했다. 필규가 속해 있던 6세 깡총반 친구들은 모두 7세반으로 올라가지만 필규는 6세반을 끝으로 그만두었다. 겨우 엄마와 떨어져 지내는 것에 익숙해지는 참인데 그만두게 된 것은 감나무가 운영상의 어려움으로 시내 아파트로 옮겨가게 되었기 때문이다. 셔틀버스를 타는 대신 학부모가 등하원을 책임져야 하는데 남편의 출장이 시작되면 9개월 동안 차 없이 어린 윤정이를 데리고 대중교통과 도보로 필규를 뒷바라지할 자신이 없었다. 무엇보다 나는 감나무의 자연환경을 너무 좋아했기 때문에 자연을 떠난다면 더 이상 보낼 의미가 없었다. 그래서 우리는 감나무가 이사 가는 1월 전에 졸업식을 끝으로 정리하기로 했다.

두 돌이 지나고부터 지금까지 다니고 있는 아이에 비하면 필규의 감나무 생활은 지극히 짧은 것인지도 모른다. 그렇지만 그 짧은 기간 동안 필규가 겪어야 했던 일들은 결코 작지 않았다. 만 5년을 아무 곳에도 다니지 않고 집에서 엄마와 지냈던 필규는 갑자기 오전 8시부터 오후 6시까지 하루 열 시간을 엄마와 떨어져 낯선 공간과 낯선 사람들 사이에서 지내는 일을 무척 힘들어했다. 여섯 살이나 되었으니까 금방 적응하겠지, 상황을 이해할 수 있겠지 생각하며 첫날만 종일 같이 있어주었다. 이틀째 되는 날엔 오전에 필규만 놔두고 혼자 집으로 와버렸다. 하루만 울면 된다고, 교사들한테 맡기라고, 이젠 엄마와 떨어지는 것을 연습해야 한다고, 내 등을 밀던 교사들에게 필규를 맡기고 나는 도망치듯 감나무를 빠져나왔다. 죽을 것처럼 엄마를 부르며 울부짖던 필규의 절박하고 간절한 목소리는 내 마음에 선명한 생채기가 되어 남았다.

겨우 이틀째 되는 날 그렇게 갑작스럽게 필규만 놔두고 돌아와버린 것이 두고두고 아프게 후회된다. 적어도 일주일은 같이 다니다가 서서히 혼자 두었어도 되는 것을, 왜 그렇게 억지로 서둘렀던 것일까. 왜 필규의 속도대로 조금 더 기다려주지 못했을까. 말미를 주지 못했을까. 필규의 여린 마음에 한 번도 겪어보지 못한 두려움과 미움으로 깊은 생채기를 남겨버린 것이 너무나 미안하다.

엄마를 믿었던 마음에 크고 깊은 상처를 입은 필규는 그때부터 상상할 수도 없는 무서운 말들로 나를 공격하고 분노와 미움, 서운함의 칼을 던져댔다. 필규의 마음을 이해하면서도 날아오는 칼들은 너무나 날카로웠고 아팠다. 그 후로 우리는 얼마나 많은 날들을 서로 싸우고 또 미워하고, 서로에게 실망하고 놀라며 보냈던가.

감나무에는 책으로 가득 차 있는 책방이 있다. 책방에 있는 수많은 책을 필규는 대부분 읽었다고 했다. 두 시부터 네 시까지 낮잠을 자는 것이 익숙하지 않았던 필규는 감나무 아이들이 모두 낮잠을 자는 시간에 책방에 들어와 혼자 책을 읽으며 지냈다. 그 시간 동안 아이 마음에 쌓였을 감정들을 헤아려보는 일은 어쩐지 뭉클하다. 힘들고 쓸쓸하기도 했을 것이다. 혼자 보내는 시간 동안 속으로 단단해지고 여물어 가기도 했을 것이다. 아이의 시간을 엄마가 모두 알 수는 없듯이 아이 마음에 일어나는 일도 엄마가 어찌 다 알 수 있을까. 사막 같았다가 오 아시스 같았다가, 촉촉하고 부드러운 단비가 되기도 하면서 필규는 제

마음의 물길을 더 깊고 푸르게 길어올렸을 것이다.

힘든 일도 많았지만, 감나무에서 보낸 행복하고 즐거운 기억들도 너무나 많다. 주말이면 온 가족이 감나무에 가서 살았다. 윤정이는 감나무에서 걸음마를 했고, 필규는 여름내 냇가에서 첨벙거리며 지냈다. 남

편은 마당에서 톱질을 했고, 나는 윤정이가 탄 그네를 밀어주며 노래를 불렀다. 압력솥을 가지고 가서 밥도 해먹어가면서 지냈다. 감자도 캐고 풀도 베고 상추도 뜯고 밭도 갈았다. 우리는 감나무의 넓은 마당과 많은 나무, 흙들과 냇물, 돌 하나하나까지 너무나 사랑했다. 내가 오랫동안 그리워하며 원하던 생활을 감나무에서 모두 누릴 수 있었다.

"이젠 감나무에 더 이상 다니지 않을 거야. 엄마랑 윤정이랑 같이 있을 거야."라고 말했을 때 "그런데… 안 다닌다고 생각하니까 갑자기… 서운한 마음도 들어요." 하면서 필규는 눈물을 뚝뚝 흘렸다. 나도 눈물이 고였다.

"엄마도 그래. 그래도 감나무에서 보냈던 즐거운 기억은 영원히 필규 마음에 남아 있는 거야. 언제든지 꺼내보면서 생각할 수도 있고. 그만두긴 하지만 가끔씩 우리 집으로 친구들을 초대해줄게. 감나무에서 행사가 있으면 우리도 참석하자. 그래도 된대."

이런 말을 하면서 우린 같이 울었다. 조금 가벼워진 마음으로 감나무의 이곳저곳을 돌아다니며 인사를 했다. 그리고 낮잠 잘 때 쓰던 이불과 베개, 칫솔과 양치컵, 필규의 솜씨로 채워진 종합장과 색연필을 챙겼다. 아이의 살림살이들을 작은 보퉁이 하나에 모두 담아 감나무를 나왔다. 햇살이 가득한 감나무 마당에서 필규는 아빠와 마지막으로 축구를 하며 웃었다.

아이를 어린이집에 보내고, 또 사정이 있어 그곳을 그만두는 일이란 사람에 따라서 대수롭지 않은 일일 수도 있다. 그렇지만 감나무를 가게 된 일은 우리 가족과 필규에게는 지금까지 있었던 어떤 일보다 크고 특별한 사건이었고, 그 사건을 가족 모두 같이 겪어 나가면서 너무나 많은 것들 느끼고 배웠던 시간이었다.

나는 어떤 일을 시작하고 끝마치게 될 때 그 일이 우리에게 준 의미만큼의 절차와 정성으로 마무리해야 한다고 믿는 사람이다. 그래야 그 일은 하나의 완전한 원으로 우리에게 남게 된다. 제대로 마무리하지 않으면 그 원은 채 완전하게 이어지지 못한 상태로 마음 한구석에 아쉽고 불완전한 상태로 남게 된다. 그런 것들은 한 존재의 진정한 성장을 방해하는 요소가 된다. 사소한 일이라도 잘 끝내는 일은 그래서 중요하다.

우리 가족은 휴일 하루를 택해서 감나무를 찾아갔고 필규와 함께 좋아했던 감나무의 모든 공간을 다시 걸어보며 이곳에서 보낸 모든 시간을 하나하나 가슴 속에 새겨 넣었다. 그리고 나무에게, 흙에게, 마당에게, 냇물에게, 모든 것들에게 고마움을 전했다. 우리는 감나무에서 어떤 것들이 제일 좋았는지 얘기했다. 나는 감나무 마루에 앉아 듣던 빗소리가, 필규는 냇물에서 놀던 것과 앵두와 버찌, 자두를 따먹던 일이 제일 좋았다고 했다. 이 모든 것들을 그리워하며 고맙게 얘기하고 같이 웃고 또 울었다. 그래서 진심으로 편안해졌다. 윤정이는 아빠 손을 잡고 감나무 마당을 천천히 걸어 다녔다. 윤정이가 너무나 좋아했던 그네를 다시 밀어줄 날이 있을까. 알 수 없다.

당분간 아무런 계획을 세우지 않기로 했다. 우선 같이 지내는 일에 최선을 다할 것이다. 그러다가 필규가 심심하다고 하면, 뭔가 배우고 싶다거나, 어디를 가보고 싶다고 하면 같이 찾아볼 생각이다. 필규랑 충분히 얘기하고 의논해서 새 길을 찾고, 또 같이 걸어보리라. 분명 어떤 길에서도 새로운 배움은 이어질 것이다. 그렇게 믿는다. 감나무에서 보냈던 시절은 지나갔다. 뜨겁게 격렬하게, 또 고독하고 행복하게 그 날들은 지나갔다. 그날들 동안 필규와 나의 성장이 어떤 것이었는지는 살아가면서 하나씩 알아가게 될 것이다.

엄마도 실수하며 배우고 자란다

• • •

마음이 아팠지만
나 역시 실수하고 시행착오를 겪으며 잘못할 수 있는 사람임을,
내 한계를 받아들이기로 했다.

필규는 말 배우는 것이 또래보다 퍽 늦었다. 내 기억으로는 만 두 돌이 더 지나고 나서야 말문이 트인 것 같다. 네 살이 지나도 여전히 혀 짧은 소리를 냈지만 어른처럼 유창하게 조잘거리는 아이들보다 필규가 오히려 아이답고 귀엽게 말한다고만 생각했었다. 그렇지만 다섯 살이 되어서도 별로 달라지지 않자 주변에서는 걱정을 하기 시작했다. 필규는 명랑하고 밝았지만 발음이 또렷하지 않아서 주의를 기울이지 않으면 하는 말을 잘 알아들을 수 없었다. 나는 엄마니까 큰 문제가 없었지만 다른 사람들이 필규와 얘기하면 한번에 알아듣지 못해 다시 묻는 일이 생겼다.

그러다가 한 살 어린 친구가 생겨 자주 서로의 집을 드나들면서 문제

가 생겼다. 또래보다 조숙하게 말하는 그 동생이 필규의 발음을 잘 알아듣지 못해 자꾸만 다시 묻는 것을 필규가 불쾌하게 여기기 시작한 것이다. 그 동생은 필규의 발음을 재미있어했고, 악의 없이 흉내 내기도 했는데 필규는 그 일로 상처를 받았다. 그리고 제 발음이 이상하다는 것에 민감해지기 시작했다. 어느 날인가 자려고 이불에 누웠을 때 "엄마, 내가 말을 잘 못하지요?" 하고 물었다. 나는 가슴이 철렁했다. 어리다고만 생각했는데 어느새 필규는 자신에게 무언가 문제가 있다고 여기고 그것을 속으로 고민해왔던 것이다.

"말을 잘 못하는 게 아니야. 필규는 아는 게 너무 많아서 속에서 그것들이 서로 나오고 싶어 막 아우성이거든. 그러니까 어느 말을 먼저 꺼내야 할지 힘들어지는 거지. 그럴 땐 한 번 숨을 크게 쉬고 천천히 얘기하면 돼."

필규는 고개를 끄덕였다. 그렇게 이해하기를 바랐다. 그런 상태에 있는 필규를 공동육아 어린이집에 보낼 때에도 혹 발음 때문에 친구들이 놀리지 않을까 염려했다. 교사들에게 우선 필규의 상태를 설명하고 아이들에게도 설명해서 이해를 구했다. 감나무 아이들은 필규를 그대로 받아들여주었고 다만 엄마와 떨어지는 것을 힘들어했을 뿐 말 때문에 적응에 어려움을 겪지는 않았다.

그런데 언제부터인가 말을 더듬기 시작했다. 본래 발음엔 문제가 있었지만 내가 느낄 정도로 말을 더듬지는 않았었다. 갑자기 환경이 바뀌고 또래 친구들과 어울리게 되면서 하고 싶은 말과 해야 할 말이 많아지니까 그런가 보다 생각했었는데 그 정도가 점점 심해졌다. 그러더니 최근 한두 달 사이에 무던하던 남편조차 걱정할 정도가 되었다. 한 문장을 말할 때 모든 단어들의 첫 음을 더듬기 시작하니까 필규의 말을 바로 알아듣는 것이 정말 힘들어졌다.

주변의 조언을 들어 산본 시내에 있는 언어치료소를 찾았다. 언어치료를 전문으로 하는 원장은 재미나게 필규랑 놀면서 평가받는다는 느낌이 전혀 안 들도록 아이의 발음과 말을 테스트했다. 결과는 당장 구체적인 언어치료가 필요하다는 것이었다. 말더듬이가 상당히 진행된 단계라는 것이다. 오히려 발음은 큰 문제가 아니라고 했다. 발음은 고쳐질 수 있고, 설사 완전히 고쳐지지 않더라도 일상생활이나 대인관계에 큰 문제가 없지만 말을 더듬는 것은 사회생활에 너무 큰 영향을 미치기 때문에 빨리 치료에 들어가야 한다고 했다. 원장은 필규의 경우 심리적인 스트레스가 본래의 발음 이상에 더해져서 말을 더듬는 것으로 나타난 것 같다고 했다. 아이들은 스트레스에 대처하고 해결하는 능력이 부족하기 때문에 감당할 수 있는 단계를 넘어서는 스트레스는 아이에 따라 행동이나 감정으로, 아니면 필규처럼 언어로 나타난다는 것이다.

그렇다면 무엇이 필규를 이렇게 힘들게 했을까. 그동안 제가 힘들다는 것을 말로 혹은 행동으로 계속 보여줬는데도 내가 알아차리지 못한 것일까. 알고 있었더라도 대수롭지 않게 여겨왔던 것일까. 지금껏 아이를 잘 키워왔다고 생각했던 내게 이 일은 너무나 놀랍고 충격적이었다. 필규의 마음속에 그렇게 힘든 감정들이 싹트는 것을 몰랐다니, 엄마인 내가 몰랐다니…. 만 5년을 엄마와 지낸 필규를 감나무에 보내면서 여러 가지가 고민스러웠던 것은 사실이다. 특히 하루 10시간의 분리는 내게도 필규에게도 너무 긴 시간이었다. 필규는 늘 엄마와 지내는 시간을 목말라했다. 주말에 최선을 다해서 그 모자란 부분을 채워주려고 애를 썼지만 그래도 필규에게는 충분하지 않았을 것이다. 관계에 대한 경험과 기술이 부족했던 필규는 아이들과 많이 부딪쳤고 자주 싸우곤 했다. 그런 일들은 같이 어울리기 위해서 거쳐야 하는 과정이라고 생각했다. 실제로 감나무에 다니는 시간이 길어질수록 갈등도 적어졌고, 싸우는 횟수나 사과하고 해결하는 시간도 빨라졌다. 그런데 그런 과정들이 퍽 힘들었던 모양이다.

어쩌면 필규는 늘 내게 제 마음을 말해왔던 것일까. 나는 한동안 심한 자책과 충격으로 괴로워했다. 아이를 위해 가장 좋은 선택을 해왔다고 자부하던 것들이 어쩌면 함정이었을지도 모른다는 생각을 하니 너무나 혼란스러웠다. 필규에게 정말 필요했던 것은 그런 것들이 아니었을지도 모른다고 생각하니 너무나 괴로웠다.

우리를 지켜보던 주변에서는 늘 남들과 다르게 하려고 한 것이 문제를 더 키웠다는 얘기도 한다. 그럴지도 모른다. 그럼, 감나무를 보내지 않았더라면 이런 일들이 없었을까? 반나절만 하는 동네의 평범한 어린이집에 보냈더라면 달랐을까? 조산원에서 아이를 낳고, 2년이나 젖을 먹이고, 천기저귀를 쓰고, 만 5년을 집에서 데리고 있다가 공동육아에 보내고, 인스턴트 음식을 먹이지 않고, 텔레비전을 없앤 것이 내 아이만을 특별나게 유별나게 키우려고 그랬던 건 분명 아니었다. 때로는 자식을 위해 기울인 최선의 노력이 의도하지 않았던 결과를 낳기도 하는 법이다. 모두 잘한 선택이 아닐 수도 있지만 그동안 기울여온 내 노력을 하찮게 여기지도 않는다.

말을 더듬게 되고, 그것이 이렇게 심해질 때까지 필규의 마음을 들여다보지 못했다는 것이 엄마로서 많이 미안하고 마음이 아팠지만, 나역시 실수하고 시행착오를 겪으며 잘못할 수 있는 사람임을, 내 한계를 받아들이기로 했다. 아이를 위한 것이 모두 옳을 수는 없다는 것을, 최선을 다해도 어쩔 수 없는 것들이 있다는 것을, 그 자체로 받아들여야 한다는 것을 지금 이 일을 통해 배우고 있는 중이다.

나는 아이가 자는 동안 혼자서 한참 울고 그리고 다시 힘을 냈다. 필규에게 필요한 건 자책하고 우울해하는 엄마가 아니라, 따스하게 품어주고 명랑하게 격려하고 어려운 문제를 같이 풀어가는 힘 있는 모습일 것이다. 필규가 남보다 늦게 홀로 서고, 남보다 더디게 앞으로 나간다고 해도 괜찮다고 말해주고 싶다. 다만 스스로 충분히 채워질 수 있도록 기다려주리라. 어쩌면 이 일을 계기로 우리 가족은 서로를 더 잘 알고, 더 많이 사랑할 수 있을 것이다. 시간이 많이 흐른 뒤에 오늘을 즐겁게 추억하고, 그런 일이 있었다는 사실에 새삼스러워 하며 서로를 고마워하는 날이 오리라 믿는다.

이사,
정든 장소와 이별하기
...

이 집이 살던 주인에게서 정성스런 대접을 받고,
사랑받았던 공간이라는 것을 전해주고 싶었다.

이사를 하게 되었다. 이사를 한다는 것은 익숙했던 장소들을 두고 가는 일이다. 살던 집과 늘 뛰어놀던 아파트 복도, 두 아이가 손을 잡고 오가던 오솔길과, 모래장난을 하고 그네를 타던 놀이터, 뒷산의 나무 계단들과 필규가 자전거를 타고 오가던 보도블록, 우리끼리 이름 붙인 수많은 장소들을 말이다.

우리가 살던 곳은 18년 된 주공아파트였는데 현관을 나서면 바로 앞은 온통 산이었다. 새가 울고 아카시아 냄새가 나고, 밤꽃 향기가 퍼지고 잠자리가 날고, 단풍 들고 눈 내리는 것을 보며 아이들은 계절을 실감하곤 했다. 그래서 좋았다.

특히나 복도식 아파트라 좋았다. 유치원에 안 가는 아이들과 늘 함께 있다 보니 비라도 오는 날에는 복도에 나가 철벅거리며 놀 수 있는 게 얼마나 다행인지 모른다. 복도는 두 아이에게 오솔길이고 골목이고 한길이었다. 남편은 이 복도를 걸어 직장에 갔고, 저녁에는 복도 끝에서부터 익숙한 발자국 소리를 내며 집으로 들어왔다.

복도를 같이 쓰며 네 집이 이웃하고 있는데, 우리는 모든 이웃집 사람들을 다 알고 지냈다. 복도 첫 집에 사는 두 어르신은 길게 대화할 기회는 많지 않았지만 엘리베이터나 복도에서 만나면 언제나 반가워해 주셨다. 복도 두 번째 집이자 우리 옆집인 준민이네는 반찬을 만들 때마다 한 접시 덜어서 아이들 손에 들려 보내면서 가까워졌다. 필규와 윤정이는 이런 심부름을 참 좋아했다. 오징어조림이나, 핫케이크 한 장, 혹은 감자조림, 스파게티 한 접시를 담아 두 아이를 보내면 준민이 엄마는 내가 보낸 그릇을 깨끗이 씻어 포도 한 송이나 자두 몇 개, 혹은 요구르트 두 개를 담아 들려 보냈다.

준민이네도 늘 현관문을 열어놓고 지냈기 때문에 우리 아이들은 항상 그 집 문에 매달려 "준민아!" 부르고, 밥을 먹다가도 "엄마, 준민이가 울어요." 하며 달려가곤 했다. 준민이네 부부도 우리 아이들을 아껴주었다. 우리 옆으로 복도 끝 집엔 다 큰 처녀 둘과 나이 든 부부가 살고 있었다. 그 집 아줌마가 봄에 직장을 그만두면서 가까워지게 되었는데 텃밭에서 나온 채소를 늘 넉넉하게 나눠주셨고, 나는 답례로 반찬이나 과일을 드리곤 했다.

우리는 이웃으로 서로의 흉허물을 조금씩은 알고 지내는 사이였다. 여름이면 서로 현관문을 열고 살다보니 냄새만 맡아도 점심상에 무슨 반찬을 올렸는지 알 수 있었고, 큰소리 나는 걸 들으며 혹 부부끼리 다툼이 있는지, 부모와 자식 간에 싸움이 있는지, 혹은 준민이가 말썽을 피우는지 다 알 수 있었다. 내가 이따금 필규와 악다구니를 하는 것도 다 알았을 것이다. 싸우고, 웃고, 와자하게 수다 떨고, 찌개 냄새 복도에 풍겨가며 우리 네 집은 그렇게 어울려 살았다. 참 좋았다.

특히나 고마운 것은 우리 아이들이 복도에서 신나게 소리 질러가며 요란하게 놀아도 한 번도 야단치거나 나무라는 법이 없던 점이다. 자전거를 타고 내달리고, 달리기를 하고, 벌레를 잡는다며 풀썩거리고 그러다가 둘이 싸우고, 한 아이가 울고불고 소리 지르며 난리를 떨어도 아이들과 마주치면 늘 예뻐해주셨다. 준민이네는 아이를 키우는 엄마 마음으로, 노부부는 이미 그런 아이들을 키워본 마음으로, 또 첫 번째 집은 필규와 동갑인 손녀를 아끼는 마음으로 우리 아이들을 지켜보셨고, 귀여워해주셨다.

소박한 음식이라도 이웃들과 나누고, 비가 오면 복도에 고인 물을 쓸고, 옆집 아이가 오래 울면 같이 걱정을 하고, 마주치는 사람들에게 밝게 인사하며 함께 어울려 사는 법을 우리 아이들은 이 복도를 통해 배웠다. 그래서 만나는 누구에게나 허물없이 인사할 줄 알고, 좋은 것이 생기면 옆집도 갖다주자고 먼저 나설 줄 알게 되었다. 작은 복도였지만 아이들에게는 이웃과, 세상과 이어주는 커다란 길이었다.

새로 가는 집은 지어진 지 2년 된 새 아파트다. 유명 브랜드 아파트답게 번호를 누르고 으리으리한 현관을 지나 번쩍이는 엘리베이터를 타고 각자의 집으로 들어간다. 그래서 문을 닫으면 아무도 마주치지 않는다. 그게 덜 시끄럽고 좋다는 사람도 있겠지만 나는 이웃과 소통할 일이 없는, 답답하고 막힌 기분이 든다. 그래서 정든 복도와 헤어지는 일이 퍽이나 아쉽다.

이 집을 처음 사서 오랜 시간 힘들게 수리하던 날이 어제 일처럼 생생하게 떠올라 가슴이 먹먹하다. 공사비를 줄이려고 이리저리 뛰며 자재를 직접 구하고 퇴근 후나 주말이면 혼자서 못질을 하며 땀을 흘리던 남편 모습도 떠오르고, 짐 들이기 전날 의자를 놓고 천장까지 걸레로 일일이 닦던 일, 열 번도 넘는 집들이를 해내던 일들도 떠올랐다. 좋아하는 사람들을 초대해 소박한 음식을 먹으며 웃고 얘기하던 날들은 얼마나 행복했던가.

아쉬움 속에 이삿날은 다가왔다. 이삿짐을 다 내보내고 나는 빈 공간을 찬찬히 둘러보며 남편이 꼼꼼하게 실리콘을 쳤던 마루 이음새며, 아귀가 맞지 않아 몇 번이고 고쳐 달았던 현관의 거울 문이며, 자주 보는 요리책을 꽂아두라고 가스대 옆에 남편이 달아주었던 잡지 선반 같은 것들을 오래오래 들여다보았다. 정성과 애정이 참 많이 깃든 집이었다.

이사하기 전날, 남편과 아이들은 일찍 잠이 들었지만 나는 새벽까지 부엌의 묵은 때를 벗기느라 애를 썼다. 욕실과 부엌만큼은 말끔하게 청소해두고 가고 싶었다. 남편은 그렇게까지 할 필요 없다고 말했지만 적어도 이 집이 옛 주인에게 정성스런 대접을 받고 사랑받았던 공간임을 새 주인에게 전해주고 싶었다. 가스레인지 주변의 오래된 기름때까지 닦아내고, 개수대에 밥알 한 알 남지 않도록 깨끗하게 치우고 나서 들어오는 사람들에게 편지를 써서 주방에 붙여놓았다.

4년 전에 사서 오랫동안 정성 들여 수리하고 들어온 집이라고, 볕과 바람이 잘 통하는 좋은 집이라고, 겨울에도 따뜻하고, 무엇보다 이 집에서 사는 동안 내내 가족이 건강했고 행복했다고, 잘 아껴 달라고 부탁한다고 적었다. 다른 사람에게도 사랑받고 정성스런 돌봄을 받기를 바랐다. 진심이었다.

짐을 옮기는 동안 외할머니와 윤정이와 내내 놀이터에 있어야 했던 필규는 큰 비가 지나간 놀이터 모래밭에 작고 푸른 풀 몇 포기가 싹을 내민 것을 발견하고 장난감 그릇에 정성스럽게 담아왔다. 안 그래도 그걸 보면서 '아이들이 몇 번 밟아버리면 죽을 텐데….' 하는 생각이 들었는데, 필규의 고운 눈길이 나와 같았나 보다. 이곳에서의 마지막 추억이라며 새집에 가져가서 잘 키울 거라고 한다. 그 작은 풀들이 우리가 담고 가는 새로운 희망 같았다. 말끔히 정리된 부엌에서 사진을 찍으며 필규는 눈물을 글썽거렸다.

"그래도… 어쩐지 너무 서운해요…."

내 맘도 그랬다. 우리는 잠시 서로를 안고 같이 눈물을 훔쳤다.

"그래도 이 집에서 정말 행복했으니까 좋은 추억을 가득 담고 가는 거야. 정말 좋았었지?"

"네…."

우리는 눈물을 닦고 같이 웃었다. 마지막으로 문을 나서며 한 번 돌아보았다. 처음으로 가져본 내 집. 피붙이를 두고 가는 마음이다. 잘 있어. 집에게 인사하는 필규 뒤에 서서 나도 이 집에서 지낸 행복한 시간들에 안녕을 고했다. 4년 동안 고마웠다. 행복했다. 사랑한다.

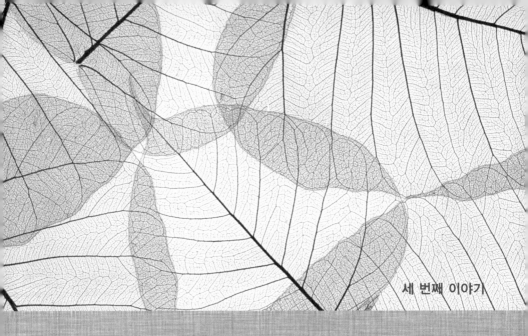

아이 키우는 데
정말로 필요한 것

어떤 의미를 기울이느냐에 따라 일상은 특별해지고 소중해진다

아이들이 텔레비전과 일에
부모를 뺏기지 않기를

...

사교육 하나 더 시키려고 종종거리거나
아이들을 위해서 뭔가를 많이 해주려고 애쓰기보다
아이들에게 정말 필요한 게 뭔지 생각해봐야 하지 않을까.

텔레비전이 없는 우리 집은 밤이 일찍 찾아온다. 저녁상을 물리면
남편은 바로 설거지를 시작하고 나는 아이와 함께 마루를 정리한다.
걸레질을 간단히 하고 아이를 씻기고 나면 종일 놀던 그 공간에 너른
이부자리를 편다. 그리고 머리맡에 스탠드를 켜놓고 불을 끈다. 이때가
대개는 밤 아홉 시 무렵이다.

"자, 오늘은 어떤 동화책 읽을까? 직접 골라 올래?"

아이는 책장에서 이것저것 두세 권을 들고 온다. 어떤 때는 동화책
이 아니라 《인체의 신비》라든가, 엄마가 보는 육아 서적을 들고 오기도
한다. 삽화나 그림들이 맘에 들면 아이에겐 어떤 책이든 동화책이 되
니 일단 골라오면 가리지 않고 읽어준다. 이럴 경우엔 일일이 얘기해

주어야 할 게 많아서 귀찮기는 하지만, 아이 수준에 맞게 그림에 어울리는 얘기를 지어 들려준다.

오늘은 다행히 세 권 다 그림책이다. 어떤 것을 먼저 읽을지도 아이가 선택한다. 오늘의 첫 동화는 《아빠, 달 따 줘요!》다. "창문으로 달님을 본 모니카는, 그만 그 달님이 갖고 싶어졌대. 그래서 아빠에게 달을 따 달라고 얘기했나봐. 모니카 아빠는 어떻게 달을 따오실까?" 이렇게 운을 떼고 한 베개에 나란히 누워 책을 펴든다. 보드랍고 따뜻한 아이의 몸이 내게로 확 쏠린다.

어린 아이에게 현실과 상상은 다르지 않다. 엄마가 들려주는 대로 동화 속의 소녀가 되어 아빠가 달을 따오기를 기다리고 있을 것이다. 익숙하고 따뜻한 엄마의 몸에 기대어 귀를 기울이는 아이는 눈사람도 되고, 오소리를 피해 덤불 속에 숨은 들쥐 가족도 되어 깔깔거리고, 숨을 죽이고, 골똘해지며 책에서 눈을 떼지 못한다. 아이는 한 쪽 발을 아빠의 발 위에 올리고 몸은 내게로 기울이고는 온몸으로 동화를 듣고 있다.

사방은 고요하고 불빛은 아늑하다. 온 가족이 한 이불에 누워, 아이에게 동화책을 읽어주는 시간. 내가 가장 사랑하는 시간이다. 그러는 사이, 차츰 아이가 가 있는 동화의 나라에까지 잠이 밀려든다. 필규는 기지개를 켜고 하품을 하더니 스르르 잠이 든다. 꿈속에서 아빠와 함께 사다리를 오르고 있을지도 모른다. 오늘도 여러 가지 사건이 있었고, 몇 번은 엄마에게 혼나기도 했지만, 그래도 신나고 즐거운 하루였을 것이다.

아이는 엄마 아빠가 모두 누워야 자는 시간인 줄 안다. 남편도, 나도 더 할 일이 있더라도 아이가 잠들 때까지는 옆에 함께 누워 아이의 잠을 평온하게 지켜준다. 잠들 무렵 품고 있는 감정은 잠든 내내 몸과 마음을 지배한다. 아이가 평화롭고 행복하게 잠이 들면 몸은 깊이 이완되고, 잠 속에서 감정은 한층 더 깊어지고, 삶은 단단하게 제자리를 잡을 것이라고 나는 믿는다.

인간의 무의식은 모든 것을 다 기록한다. 아무것도 거르지 않는다. 다만 의식하지 못할 뿐이다. 아무렇게나 켜져 있는 텔레비전이나 라디오를 들으며 잠을 자는 동안, 심각한 뉴스나 시사 프로그램에서 흘러나오는 어두운 얘기들은 그대로 아이의 무의식 속에 새겨진다. 아이는 이것을 의식할 수는 없지만 이렇게 쌓여가는 무의식은 아주 미세하게, 그러나 분명하게

세상을 대하는 태도와 감정에 영향을 미친다고 믿는다. 오늘날 부모가 통제하기 어려울 정도로 거칠고 산만한 아이들이 늘어가는 것은 아주 어려서부터 무방비 상태로 접하는 매체들의 영향이 크다고 생각한다. 사건과 사고, 불행과 폭력이 넘쳐나는 세상에서 풍부한 감수성을 지니고 타인에 대한 배려와 애정이 깃든 아이로 키우는 일은 쉽지 않다. 그래서 나는 이렇게나마 아이의 잠자리를 지켜주고 싶다.

언젠가는 이 아이도 세상의 온갖 모습들을 직면할 것이다. 그럴 때 사람과 세상을 낙관적으로 대하고 사는 일을 긍정적으로 생각했으면 좋겠다. 그런 아이로 키우고 싶다면 먼저 텔레비전의 볼륨을 낮추거나, 적어도 아이와 함께 있는 동안이라도 꺼주는 것이 더 중요하지 않을까. 인공의 목소리들 대신 엄마 아빠의 목소리와 체온을 더 많이 느끼게 하는 것이 더 소중하지 않을까. 사교육 하나 더 시키려고 종종거리거나 아이들을 위해서 뭔가를 많이 해주려고 애쓰기보다 아이들에게 정말 필요한 게 뭔지 생각해봐야 하지 않을까.

바라건대 이 땅의 어린 아이들이 텔레비전과 컴퓨터에, 일터에, 신문과 전화에 너무 많이 부모들을 빼앗기지 않기를 소망한다. 최소한 잠이 드는 순간만이라도 엄마 아빠의 따뜻한 체온 사이에서 안정과 신뢰를 느끼며 잠이 들기를, 그 아이들의 꿈이 너무 어지럽지 않기를 기도한다.

직장과 아이 사이

...

아이와 몇 시간을 함께 지내는가보다
아이와 있는 시간을 얼마나 행복하게 여기는가가 더 중요하다.

아이를 키우는 엄마들에게는 몇 가지 의미 있는 날들이 있다. 처음
으로 유모차를 태워 밖으로 나가는 날이나 처음으로 동물원에 데려가
는 날, 처음으로 동네 놀이터 미끄럼틀에 앉혀보는 날들이 그렇다. 남
들에겐 그저 사소한 일이지만 엄마들에게는 아이가 또 하나의 계단을
오르는 일이고, 또 하나의 세상을 여는 것처럼 감격스럽고 벅차다.

오빠를 따라 집안에 있는 커다란 미끄럼틀을 오르내리던 윤정이가
드디어 동네놀이터 미끄럼틀을 제힘으로 내려왔다. 오빠가 미끄럼틀에
오르는 모습을 보자마자 저도 하겠다고 버둥거리기에 유아용 미끄럼틀
에 올려주었더니 좋아하며 잠시 망설이다가 그야말로 휙 하고 내려왔
다. 나는 혹시 뒤로 넘어질까 싶어 가까이 붙어 손을 내밀고 있긴 했지

만 내려올 때까지 잡지는 않았다. 내려와서는 너무 신나하며 바로 다시 올려 달라고 손을 내밀었다.

윤정이는 이젠 엉금엉금 기어서 더 높은 곳으로 올라가더니 빙글빙글 돌며 내려오는 미끄럼틀 쪽으로 몸을 날리는 것이다. 얼른 달려가 안고 같이 내려왔는데, 까르르거리며 재미있어 하는 게 아닌가. 겁을 내며 오래도록 내 도움을 받아 미끄럼을 탔던 필규와는 달리 윤정이는 어떤 거리낌도 없이 빠른 속도와 회전을 즐기는 듯했다.

아이들은 처음 경험해보는 일에 대한 감정을 어떻게 가지게 되는 것일까. 어떤 아이는 한 번도 안 해본 일에 대해서도 스스럼없이 자신을 맡기는가 하면 어떤 아이는 엄마가 곁에서 지켜주고 함께 해줘도 겁을 내고 끝내 못하기도 한다. 새로운 것이 신나고 즐거운 것으로 다가오는 아이와 무섭고 두려운 것으로 다가오는 아이들을 지켜보면 한 가지 힌트는 얻을 수 있다.

"조심해야지, 넘어지겠다. 안 돼! 위험하잖아. 넌 아직 어려. 왜 자꾸 올라가려고 그래!" 아이의 행동 하나하나마다 엄마가 쏟아내는 무수한 위협과 경고, 염려와 질책은 아이를 위축시킬 수밖에 없다. 위험해지도록 방치해서도 안 되지만, 아이가 모험을 즐기고 새로운 환경을 충분히 탐색하고 제힘껏 즐기고 경험하는 일을 막아서도 안 된다. 엄마의 역할은 주변의 위험을 충분히 확인하되 미리 겁주지 말고 아이가 안전하게 즐기도록 인도해주면서 즐거움을 함께 나누는 일이다.

엄마가 먼저 "아이 재밌다.", "무서웠지?"라고 말해서 아이가 느낀 감

정을 앞질러서 판단하거나 규정하지 않는 게 좋다고 생각한다. 그저
아이의 반응을 먼저 살피고, 표정과 행동을 통해 아이의 감정을 읽어
주면 아이는 제 경험이 엄마에게 받아들여졌고 이해되었음을 느끼며
안도하고 기뻐한다. 그리고 다시 또 시도하고 도전을 시작한다. 모든
아이들은 그렇게 새로운 일을 알아가고 제 것으로 만든다.

  엄마에게는 늘 같은 모습 같아도 아이는 어느새 성큼 또 한 걸음 앞
서 가 있다. 가만히 보면 아이가 날마다 이루는 성취는 얼마나 많고 풍
부한지 놀랍다. 하나의 우연한 시도가 곧 정교한 의도로 바뀌고, 마침
내는 자유롭게 자기 의지로 자리 잡는 놀라운 발전들도 낱낱이 알아챌
수 있다. 이젠 아이가 특히 좋아하는 그림책도 생겨났고, 아주 좋아하
는 장난도 정해져서 필규랑 번갈아 갖고 놀며 깔깔 웃기도 한다. 이만

큼만 커도 이렇게 함께 장난을 하고 놀이를 하며 즐거울 수 있으니, 애 키우는 힘든 일은 이런 순간들로 한 고개를 또 넘어간다.

가끔 생각한다. 내가 일하는 엄마였다면 어땠을까. 필규 낳고 바로, 예전 직장에서 좋은 조건으로 다시 나와 달라는 제의를 받았었다. 특별히 두 달간의 출산휴가를 줄 터이니 그 후부터 함께 일하자고 했다. 아주 잠깐도 나는 고민하지 않았다. 내 곁에는 나만이 온전하게 채워줄 수 있는 어린 아이가 있고, 내게는 이 일이 무엇보다 소중했기 때문이다. 그 후로 나는 쭉 전업주부로 있다.

첫아이 필규가 여섯 살이 되기까지 나는 모든 날들을 아이와 함께했다. 무기력하게 태어난 한 생명이 날마다 자라나고, 변하고, 성장하고, 발전하는 모든 순간 속에 내가 같이 있었다. 정말 무엇과도 바꿀 수 없는 보람이자 행복이었다. 그 생명이 이룬 낱낱의 성취와 실패, 성공과 기쁨, 분노와 열광을 지켜볼 수 있었고 그래서 나날이 더 많이 아이를 알아가는 기쁨을 누릴 수 있었다. 물론 직장 대신 육아를 선택했기에 누릴 수 있었던 시간들이었다. 아이랑 24시간을 함께 보내보면 아이가 지내는 시간들이 얼마나 다양하고 다채로운 경험과 모습과 색채를 담고 있는지 새삼 깨닫게 된다.

그렇다고 아이가 느끼는 행복이 반드시 엄마와 함께 있는 시간에 비례한다고 생각하지는 않는다. 오히려 엄마가 육아를 너무 어렵게 여기거나 만족감을 느끼지 못하면서 의무감으로 아이와 함께 지낸다면 더 문제가 될 수도 있다. 요즘은 나 같은 전업주부보다 직장생활과 육아를 병행해야 하는 엄마들이 점점 많아지고 있다. 그런 엄마들은 온종일 엄마와 떨어져 있는 아이한테 죄책감을 느끼기도 한다. 물론 전업주부에 비해 아이와 함께 지내는 시간이 적을 수밖에 없지만 어쩌면 정말 중요한 것은 아이와 몇 시간을 함께 지내는가보다 아이와 있는 시간을 얼마나 행복하게 여기는가가 아닐까.

아이를 어딘가에 맡겨야 한다면 아이와 헤어질 때와 다시 만날 때가 특히 중요하다고 생각한다. 이 두 순간에 아이에게 보내는 각별한 지지와 애정은 엄마와 떨어져 지내는 동안 아이를 채워주는 든든한 존재감이 될 것이다. 퇴근해서 밀린 집안일에 매이다 보면 그나마 짧은 시간도 아이와 즐겁게 놀아주는 일이 어려운 때도 많을 것이다. 그렇더라도 잠자기 전처럼 날마다 일정한 시간을 정해놓고 그 시간만큼은 아이에게 최선을 다한다면 아이와 깊은 교감을 나눌 수 있다. 아이들이란 부모와 떨어졌던 열 시간보다 함께 있는 한 시간이 행복하면 모든 시간을 행복하게 여기는 놀라울 만큼 유연한 존재들이기 때문이다.

도무지 힘들고 멀게만 느껴지는 육아라도 아이와 엄마의 시간은 금세 흐른다. 지나고 나면 그립고 아쉬우리라. 세상의 모든 엄마들이 아이와 같이 있는 시간, 엄마의 손과 품을 원하는 그 시간 동안 더 많이 사랑하고 더 많이 행복해졌으면 좋겠다.

애들아,
음악에
깃든 삶을
누려라
...

함께 음악을 들으며
감동하고, 기뻐하고,
신나게 노래하고 춤추던 기억.
진정한 재산은 자신 안에 깃든
풍성한 기억들일 거다.

어렸을 때, 친정아빠는 주말이면 온 집안에 커다랗게 음악을 틀어놓고 늦잠 자는 딸들을 깨우곤 하셨다. "어이, 딸들 일어나!" 아빠의 우렁찬 목소리 넘어 온 집안에 울리는 '터키 행진곡'이나, '장난감 교향곡', '라데츠키 행진곡' 같은 곡을 지금도 기억한다.

아빠는 음악을 사랑하셨다. 가난한 살림에 엄마의 눈치를 보며 고장 난 낡은 전축을 보자기에 싸서 품에 안고 수없이 전파사를 드나드셨던 분이다. 일찍 부모를 여의고 가난한 살림 속에 고학으로 어렵게 대학을 마친 아빠는 문학과 예술을 사랑하는 청년이었다. 늘 가난하고 어려웠지만 한푼 두푼 모아서 좋아하는 엘피판을 사 모으셨고 그 판을 듣고 또 들어가며 음악을 배우고 느끼셨던 분이다. 애지중지하던 엘피판 중에는 '천지창조'나 '레퀴엠', 베토벤의 여러 교향곡을 비롯해서 안익태의 '코리아 환상곡' 등이 있었다. 그리고 언제나 딸들을 위해 틀어주시던 사랑스러운 소곡집과 어린이 합창단 노래 모음집도 있었다.

우리 자매는 수많은 아름다운 동요와 가곡을

그 엘피판을 통해서 배웠다. 살림은 늘 궁핍했지만 언제나 집안엔 음악이 있었다. 아빠는 목청이 좋으셨고, 노래도 잘 부르셨다. 하모니카 연주도 썩 잘하셨다. 가끔 눈을 지그시 감고서 '데니보이'를 부르시기도 했다. 아빠는 특히 '집시 바이올린'의 애절한 선율을 좋아하셨는데, 음악을 틀어놓고 마치 눈앞에 떠돌이 집시 악사가 눈보라 속을 걸어가는 모습이 보이는 것처럼 생생하게 이야기를 들려주셨다. 아빠의 이야기를 들으며 우리는 고달픈 생을 살아가는 집시들의 애환과 기쁨, 희망과 슬픔들을 느꼈다.

모든 음악은 이야기라는 것을 나는 아빠에게서 배웠다. 지금도 음악을 들으면 그 음악이 말하는 이야기가 들린다. 그때는 몰랐지만 나는 아빠를 통해서 음악이 주는 힘과 기쁨, 위안을 알았다. 두고두고 내 삶에서 나를 일으켜주고 격려해주고 다독여주는, 마르지 않는 행복을 아빠로부터 선물로 받았던 것이다.

세월은 흘렀고 아빠는 늙으셨다. 아빠가 틀어주시는 음악으로 주말의 늦잠에서 깨어나던 딸들은 모두 출가를 해서 가정을 이루었고 부모가 되었다. 낡은 전축은 아주 오래전에 사라졌고, 천덕꾸러기처럼 친정의 낡은 책장에서 먼지가 쌓여가던 아빠의 엘피판은, 아빠의 애정을 귀하게 여기는 큰딸이 가져가 먼지를 닦고 보관하고 있다. 그리고 딸들은 아빠가 물려준 유산처럼 각자의 삶에서 자신들이 사랑하는 음악을 통해 여전히 삶의 기쁨과 슬픔을 위로받고 있다.

아침에 눈을 뜨면 제일 먼저 라디오를 켠다. 채널은 늘 KBS 1FM 음악 채널이다. 광고가 주는 스트레스 없이 좋은 음악을 계속 들을 수 있어서 좋다. 음악을 크게 틀어놓고 필규와 윤정이를 깨운다. 가끔 아름다운 선율이나 좋아하는 음악이 나오면 두 아이에게 음악이 갖고 있는 이야기를 들려준다.

"이 곡은 엄마가 좋아하는 '페르시아의 시장'이야. 옛날에 페르시아란 아름다운 나라가 있었어. 그 나라에는 커다란 시장이 있었대. 아침 안개가 걷히면서 거리가 밝아오지. 자, 들어봐. 아주 천천히 고요하게 아침이 시작되는 거야. 먼 곳에서 사람들이 갖가지 물건들을 싣고 시장으로 오고 있어. 자, 여기서부터는 아주 명랑해지지? 장사꾼들이 물건을 팔기 시작했나 봐. 가게를 멋지게 꾸미고 사람들을 부르나 봐. '우리 가게로 와주세요. 좋은 물건이 다 있지요.' 이런 노래를 부르는 것 같지? 그때 나팔소리가 들려. 왕이나 아니면 지체가 높은 누군가의 행차가 있는 것 같애. 여기서부터는 갑자기 음악이 느리고 슬퍼지지? 아마 어떤 소녀가 물건을 사고 싶은데 돈이 없나봐. 누가 소녀를 도와줄까? 그때 어떤 마음씨 착한 상인이 소녀를 부르지…."

'페르시아의 시장'이 정말 이런 이야기를 가지고 있는지 어떤지는 나도 잘 모른다. 다만, 이 음악을 들을 때면 이런 이야기들이 마음속에 떠오를 뿐이다. 느껴지는 대로 그 음악의 빠르고 느리고 고조되고 풀어짐에 따라 이야기를 풀어놓으면 아이들은 정신없이 귀를 기울인다. 그 순간 두 아이는 페르시아의 시장을 나와 함께 걷고 있는 것이다. 음악과 이야기에 따라 조마조마한 표정을 짓다가, "맞아요!" 하고 박수를

치기도 하고, 같이 슬퍼졌다가 다시 뛰어오르기도 하면서 우리 세 사람은 음악의 숲을 함께 헤매다 돌아오곤 한다. 그리고 음악에 맞추어 같이 춤을 추기도 한다. 이런 순간의 행복은 참으로 크다.

집에 있을 땐 늘 음악이 흐른다. 클래식이거나 국악일 때도 있고, 가곡이나 가요가 나오기도 한다. 동요도 흐르고 합창곡도 흐른다. 윤정이도 음악이 흥겨우면 놀다가도 저 혼자 손짓 몸짓을 하며 춤을 춘다. 나는 라디오에서 '사운드 오브 뮤직'의 음악이 흐르면 마리아 흉내를 내며 춤도 추고 노래도 부른다. 엄마의 쇼는 두 아이에게 언제나 뜨거운 환호와 열렬한 박수를 받는다.

짜증과 신경질이 많은 엄마지만 다행히 흥도 신명도 많아서 수시로 아이들 앞에서 뮤지컬 배우나 오페라 가수가 되고, 연극의 주인공도 되어 음악에 맞추어 춤추고 노래한다. 우리 세 사람은 곧잘 이렇게 한데 어우러져 좁은 집안을 춤추고 노래하는 무대로 만들어버린다. 정말 신나고 즐거운 순간이다.

내가 아빠에게 받았던 것처럼 우리 아이들에게도 '음악을 사랑하는 삶'을 선물하고 싶다. 시험과 점수 때문에 머리로 외우는 죽은 음악이 아니라 좋은 음악을 듣는 일을 즐길 줄 알면 좋겠다. 육체와 영혼에 힘과 위로를 주는 음악을 누리고, 자신의 삶을 더 풍요롭고 행복하게 만들 줄 아는 삶을 누리기를 바란다.

나는 아이들에게 많은 재산이나 높은 신분을 물려줄 능력도 없고, 그렇게 하고 싶은 마음도 없다. 다만, 아이들과 함께 음악이 주는 상상의 공간 속에 같이 깃드는 순간을 많이 누렸으면 한다. 엄마와 함께 음악을 들으며 감동하고, 기뻐하고, 신나게 노래하고 춤추던 기억을 많이 만들어주고 싶다. 진정한 재산은 자신 안에 깃든 풍성한 기억들일 거다. 우린 그것들을 자양분으로 삼아 삶의 고비와 어려움을 힘있게 넘어서서 더 높은 곳으로, 더 깊은 곳으로 나아갈 수 있다.

음악이 흐른다. 두 아이가 음악에 맞추어 춤을 춘다. 진지하게 때로는 흥겹게 각자의 세상 속에 푹 빠져 있다.

대충 차린 밥상 vs 정성을 담은 밥상

...

정성스럽게, 반듯하게,
격식을 갖추어 차려진 밥상에 대한 이미지는
아이들 내면에 각인되어 몸과 마음에 스며들 것이다.

경기가 어려워지면서부터 남편의 야근이 잦아졌다. 주중에는 아이들 다 잠들고 나서야 퇴근한다. 주말에는 이런저런 가족 행사나 외출할 일이 생기니 그야말로 가족이 다 함께 집에서 밥을 먹는 일은 손에 꼽을 정도가 돼버렸다. 퍽 서운하고 속상한 일이다.

남편이 없으면 일곱 살 필규와 세 살 윤정 그리고 나, 셋이서 밥을 먹는다. 유치원을 다니지 않는 큰아이와 하루가 다르게 고집이 세어지는 세 살짜리 아이를 돌보는 일에 매달리다보면 시간은 참 빨리도 흐르고, 돌아보면 어느새 밥 때가 되어 있다.

아이들과 먹는 밥은 마음먹으면 간단하게 차릴 수도 있다. 만들고 차리고 치우고 설거지하는 게 고단해서 그냥 쉽게 반찬통 뚜껑만 열어놓고 먹거나 따로 상 차리지 않고 부엌 식탁에 앉아 먹고 싶을 때도 있다. 어차피 남편도 없는데 번거로운 반찬 만들지 않고 대충 먹고 어서 치우고 쉬고 싶은 마음이 굴뚝 같다.

그렇지만 매번 그런 마음을 누르며 상을 차린다. 마루 한가운데 상을 펴서 행주질을 하고, 놋그릇을 꺼내 밥을 뜨고, 반찬통에서 반찬을 덜어 담는다. 그리고 놀고 있는 아이들을 불러 모은다. 아빠는 없지만 세 식구가 또다시 머리를 맞대고 앉아 함께 밥을 떠먹는다.

밥 먹는 일은 참 중요하다. 정말 중요하다. 날마다 변함없이 비슷한 시간에 이어지는 일이기 때문에 더더욱 그렇다. 변함없이 이어지고 반복되는 일들이야말로 한 사람의 내면에 가장 많은 인상으로 남는 법이다. 아빠의 빈자리도 서운한데 밥상마저 늘 대충 차린다면 아이들에게 밥이란 그저 빨리 허기를 메우는 일밖에는 되지 않을 것이다.

손수 만든 음식을 꼭꼭 씹어 먹고, 아이들 입에도 넣어주면서 이 음식이 들어가 만들 피와 살과 정신을 생각한다. 우리는 밥상으로 하나가 되어 같은 기운과 같은 음식으로 연결된다. 나는 좋은 옷이나 근사한 가구를 들여놓고 사는 일엔 큰 관심이 없지만 밥상을 차릴 때만큼은 집에 있는 것 중에 제일 좋은 그릇에 반찬을 담고, 아이들 몫으로 장만한 그릇과 수저를 내놓는다.

아이들에게는 밥 먹는 일이 나처럼 중요하거나 대단한 일이 아닐 것이다. 엄마가 어떤 마음으로 밥상을 차리는지 알지도 못할 것이다. 그렇지만 정성스럽게, 반듯하게, 격식을 갖추어 차려진 밥상에 대한 이미지는 아이들 내면에 각인되어 몸과 마음에 스며들 것이다. 엄마의 마음과 정성을 눈으로 보고, 혀로 느끼며 열심히 씹어서 섭취하는 동안 음식은 양분이 되어 아이들의 일부를 만들어가겠지. 그러면서 정성스런 대접을 받는 자신들을 자연스럽고 당당하게 여기는 마음도 생겨날 것이다.

날마다 변함없이 아이들의 내면에 새겨지는 것들이야말로 가장 강하게 아이들을 이끌어가는 법이라고 믿는다. 좋은 음악을 듣는 일이나 좋은 책을 읽는 일도 중요하겠지만 오감으로 느껴가며 먹는 음식만큼 강렬하고 직접적으로 아이들을 채워주는 것은 없다. 나는 아이들이 내가 차려준 상처럼 귀한 대접을 받기를 원한다. 화려하고 비싼 게 아니라, 소박해도 정성이 가득한 대접을 받는 사람이 되기를 바란다. 어렸을 때부터 그런 대접에 익숙해져 있다면 커서도 자연스럽게 스스로를 제대로 대접하고 남에게도 정성을 기울이는 사람으로 자랄 것이라 믿는다.

어린 시절이 넉넉하지 않았어도 우리가 큰 탈 없이 자랄 수 있었던 것은 무엇보다도 끼니 때마다 더운밥 먹이는 일에 그토록 애를 쓰시던 우리 엄마들의 정성이 있었기 때문이 아닌가. "밥 먹었니?"로 시작해서 "밥은 먹구 가!"로 끝나는 시어머님을 떠올리면 평생 그 밥 한 끼에 당신의 모든 정성을 담아 자식을 키워내셨음을 깨닫게 된다. 나도, 남편도 그런 지극한 정성을 먹고 자란 사람들이다.

남편은 없지만 온 가족이 함께 모여서 먹는 것처럼 소홀함 없이 상을 차리듯, 무슨 일이든 소박하지만 격식을 갖추고 정성을 들이리라. 이 밥상에 남편이 없는 게 허전하고 섭섭하지만 빈자리를 엄마의 정성으로 채워가며 아이들에게 귀하고 소중한 것을 심어주는 일에 소홀하지 말아야겠다고 마음먹는다.

아이의 마음에 먼저
귀 기울이는 일

...

아이에게 오는 모든 문제들을 부모가 다 막아줄 수도 없고, 그래서도 안 된다.
필요할 때 정말 필요한 만큼의 도움을 주는 지혜가 있었으면 참 좋겠다.

필규는 일주일에 두 번 개별 언어치료 수업을 받다가 그룹 수업 1회를 더 하게 되어 일주일에 세 번씩 언어치료원에 다녔다. 가끔 가기 싫다고 했지만, 가기만 하면 담당 교사와 그룹 수업을 하는 친구들과 신나게 어울리곤 해서 크게 염려하지 않았다. 더듬는 것도 많이 좋아졌고, 부정확하게 발음하는 것들도 스스로 의식하며 조금씩 고쳐나갔다.

　그러나 그렇게 이어지던 언어치료는 5개월을 채 못 채우고 끝나게 되었다. 이렇게 일찍 끝내리라고는 생각하지 않았다. 필규가 많이 좋아져서 최근에는 수업 횟수를 주 3회에서 2회로 줄이자고 이야기하던 참이었다. 확실히 좋아지긴 했지만 아직도 부정확한 발음들이 많고, 여전히 더듬는 것도 있어서 당분간 더 하게 되지 않을까 생각했는데 갑자기 필규가 안 가겠다고 하는 것이다. 사정이 생겨 몇 차례 언어치료를 빠지고 나니 꾀도 나겠지, 처음엔 그렇게 생각했다. 그런데 의외로 아이는 완강했다.

　"이젠 말을 잘 하니까 더 이상 언어치료 안 해도 돼요!"

　"아직 완전하지 않잖아. 정확하지 않은 발음도 있고, 가끔 말 더듬는 것도 있고. 니은 발음할 때 혀가 아직 이빨 사이에 많이 물리기도 하고."

　"혀가 나와도 상관 없다구요. 그래도 말은 다 할 수 있잖아요!"

"그래도 필규야, 조금만 더 다니면 말을 아주 잘, 편하게 할 수 있으니까…"

"다니기 싫어요. 안 다닐래요."

필규의 표정은 단호했다. 몇 번을 더 설득하다가 결국 수업시간에 늦어져 실랑이를 하며 택시를 타고 치료원에 도착했지만 아이는 교실에 들어가지도 않으려고 했다. 복도에서 담당 교사와 오래 이야기를 했지만 끝내 수업을 받지 않겠다고 했다. 그냥 하루 안 하겠다는 것이 아니고 이젠 더 이상 안 다니겠다고 아이는 완전히 결정을 내린 것이다. 그리고 나는 그것을 이해해야 한다는 것을 깨달았다.

어떤 일을 할 때 아이의 선택과 결정을 어느 정도까지 받아주고 수용해야 하는지는 결코 쉽지 않은 문제다. 무조건 어른들의 뜻대로 끌고 갈 수도 없고, 전적으로 아이에게 맡길 수도 없다. 어른의 입장과 생각을 충분히 설명하고, 아이의 입장과 생각을 충분히 듣고, 서로 의논하고 모두 받아들일 수 있는 선에서 결정할 수 있으면 참 좋지만, 모든 일들이 다 이런 과정을 통해서 결정되지는 않는다. 그렇지만 이번엔 필규의 결정을 존중하기로 했다. 무엇보다 언어치료 같은 과정은 참여하는 아이의 동기와 욕구가 매우 절대적이기 때문이다. 싫다고 하는데 어른의 의지대로 억지로 끌고가는 일은 나 또한 옳지 않다고 믿는다. 필요하다고 해도, 싫다면 우선은 아이의 의견을 따라주며 지켜보아야 한다. 그래서 그렇게 하기로 했다.

예상한 대로 담당 교사는 퍽 안타까워하며 여러 가지를 걱정했다.

지금 한창 좋아지고 있는 단계이기 때문에 지금 그만둔다면 다시 처음부터 시작하는 것과 다름없다는 것이다. 필규는 또래들과 상호작용이 적기 때문에 여러 가지로 개입이 더 필요하다는 것이다. 다시 말더듬이가 나타날 수 있고, 그렇게 되면 다른 사람 앞에서 말하는 것을 회피하거나, 아니면 할 말이 없는 것처럼 속이는 이차적인 문제가 발생할 수도 있고, 그렇게 되면 사회생활에 큰 문제가 될 수 있다고 했다.

교사의 말은 나를 충분히 불안하게 만들었다. 그렇지만 모든 것은 그저 가능성일 뿐이다. 그렇게 될 수도 있고, 안 될 수도 있다. 부정적인 결과만을 예상한다면 우리는 언제나 전문가의 개입에 의존해야만 할 것이다. 전문가들의 개입이 모두 불필요하다는 것은 아니다. 다만 어느 선까지 아이를 믿어주고, 어느 선에서 전문가의 도움을 받을지 선택해야 할 때, 무엇보다 아이의 마음속에서 일어나는 일에 먼저 귀를 기울이는 게 더 중요하다고 생각한다. 그래서 나는 아이의 결정을 따르기로 했다.

필규는 지금도 여전히 자주 말을 더듬는다. '불편'이라는 발음을 '불펀'으로, '라면'을 '라먼'으로 발음하는 것도 고쳐지지 않았고, 말을 할 때 보통 아이들보다 훨씬 더 입과 턱 관절에 힘이 들어가고, 감정적으로 흥분해서 한꺼번에 자신의 생각들을 쏟아놓고 싶을 때는 특히 더 더듬거나 발음이 뭉개진다. 필규를 잘 아는 사람들에게는 큰 문제가 안 되지만 그렇지 않은 사람들은 필규가 하는 말을 쉽게 알아듣지 못하기도 한다.

일곱 살 아이들이 얼마나 매끄럽고 유창하게 말을 잘하는지 잘 안다. 그 아이들에 비해서 필규는 정말 어린아이처럼 말한다. 그렇지만 필규는 자신이 문제가 있는 아이라고 생각하지 않는다. 유창하게 발음하지 못하는 단어도 있고 가끔 더듬기도 하지만 필규는 자기 자신을 무척 소중하게 생각하고 스스로 멋진 사람이라고 믿고 있다. 그래서 처음 보는 사람에게도 망설이지 않고 다가가 거침없이 말을 건다.

내가 믿는 것은 필규 안에 있는 이런 건강함이다. 어쩌면 또래들과 어울리게 됐을 때 말을 이상하게 하는 아이라고 놀림을 받을지도 모르고, 혹은 따돌림을 당할 수도 있다. 자기가 원하는 대로 쉽게 표현되지 않거나 빨리 말할 수 없는 것 때문에 스스로 속상하고 상처받을 수도 있다. 그런 일이 생긴다면 퍽 안타깝겠지만 그 역시 아이가 마주쳐야 하는 문제들이다. 그리고 그 속에서 스스로 다시 언어치료를 선택하든 다른 방법을 찾든 자신에게 닥친 문제를 해결하는 방법을 고민하고 찾을 것이다. 그 역시 아이의 몫이다. 그때 엄마에게 도움을 청하고 의지해온다면 나는 최선을 다해 도울 것이다. 필규 안에서 욕구와 필요가 생기면 누구보다 열심히 노력할 아이라는 것을 안다.

그동안 혹 아이에게 닥칠지도 모르는 상처들과 문제들에 미리 대처해야 한다는 생각에, 문제가 생기지 않게 미리 고치고 연습해서 완전하게 만들겠다는 욕심으로 필규를 끌고 왔을지도 모르겠다. 아이에게 오는 모든 문제를 부모가 다 막아줄 수도 없고, 그래서도 안 된다. 아이에게 생기는 문제에 무심해서도 안 되지만 오지 않은 문제까지 미리 염려하고 대비하려고 원하지 않는 아이를 끌고 가는 일도 어리석다. 필요할 때 정말 필요한 만큼의 도움을 주는 지혜가 내게 있었으면 참 좋겠다.

언어치료를 정리한 것으로 이제 필규는 아무 곳도 다니지 않는 아이가 되었다. 우린 아무 때나 어디라도 갈 수 있게 되었다. 당분간은 이런 자유를 충분히 즐길 생각이다. 그리고 필규에게 관심 있는 게 생기면 배울 수 있는 방법을 찾아볼 생각이다. 이런 자유가 너무나 좋다가도 때로는 소심한 마음에 온갖 불안도 싹터올 것이다. 또 오지도 않은 미래에 대한 온갖 걱정들을 끌고 와서 끙끙거리며 조바심내기도 하고, 의심과 불만스런 시선으로 필규를 볼 때도 있으리라. 그렇지만 그렇게 좌충우돌하면서 내 안에 있는 불안과 마주하고, 그 불안을 넘어서면서 필규도 나도 또 새롭게 배우고 깨우치고 더 성장할 것이다.

초등학교에 입학한 필규는 친구도 잘 사귀고 학교생활도 즐겁게 하고 있다. 하고 싶은 말이 금방 안 나오거나 여전히 입에 힘이 많이 들어가긴 하지만 남이 알아차릴 만큼 더듬지는 않는다. 완벽하지는 않지만 제가 하고 싶은 말을 하고 친구를 사귀고 일상생활을 하는데 큰 불편을 느끼지 않는다. 그때 필규의 말을 존중해주었던 것은 지금 생각해도 잘한 일이었다고 믿고 있다.

둘째의 장난감은
서럽다

. . .

윤정이가 내 안의 아이를 일깨운다.
딸과 함께 다시 그 어린 시절을
살아볼 수 있어서 다행이다.

아이를 낳아서 세 살까지 키우려면 돈이 얼마나 들까. 처음엔 종이 기저귀며 분유값이 무지 들 테고, 예방주사비와 병원비도 만만치 않을 것이다. 쑥쑥 크는 대로 필요한 옷이며 아이들 교구, 책이며 장난감, 유모차니 카 시트니 육아에 필요한 물건을 모두 돈 주고 산다면 당장 허리가 휘청해질 정도로 생활비가 많이 나가겠다.

첫아이 때도 그랬지만 둘째 낳아 키우면서 돈을 별로 쓰지 않았다. 젖 먹이고, 천기저귀 쓰고, 둘째여서 뭐든 오빠 것을 그대로 물려 쓰면 되었기 때문이다. 예방주사는 아예 안 맞히고 있고, 병치레도 별로 없어서 병원비도 정말 들지 않았다. 옷가지며 신발은 죄다 주변에서 물려받고, 책이며 장난감은 오빠 것을 같이 가지고 놀았으니까 윤정이를 위해서 따로 돈 주고 뭔가를 새로 사야 할 필요성을 별로 느끼지 못했다.

지난 겨울에 동서한테 물려받은 십 년 된 외투를 입혀서 시내에 데리고 나갔다가 새삼 또래 여자아이들이 얼마나 곱고 예쁜 옷을 입고 다니는지 깨닫고는 윤정이에게 너무 미안해서 3만5천 원짜리 외투를 사서 입혔던 것이 그나마 큰 지출이었으니, 나도 어지간히 지독한 엄마였다. 사실 그렇게까지 인색하게 굴지 않아도 되는 형편이지만 한 번 들인 습관은 좀처럼 바뀌지 않는다. 그러던 내가 한 번에 5만 원이 넘는 돈을 윤정이의 새 장난감을 사는 데 써버렸다. 번쩍번쩍한 소꿉놀이 세트가 바로 그것이다.

새 동네로 이사 와서 처음으로 필규 또래 친구를 소개받아서 놀러 갔다. 그 집은 아홉 살, 일곱 살 딸만 둘 키우는 집이었다. 들어서는 현관부터 우리 집과 너무 달랐다. 온통 아기자기하고 예쁘게 꾸며져 있었다. 식탁 의자에도 레이스로 된 커버가 씌어져 있고 화장실 구석엔 하얀 조약돌까지 깔린, 우리 집에선 엄두도 못 낼 모양새로 꾸며진 집이었다.

필규는 금방 여자아이와 친구가 되어 인라인 스케이트를 같이 타러 나가버리고, 엄마들은 식탁에 앉아 이야기를 하고 있는데, 윤정이가 심심했는지 자꾸 내게 매달렸다. 그러자 그 집 엄마가 아홉 살 큰아이 방으로 윤정이를 데려갔다. 그 방문을 열자마자 윤정이는 "와아!" 탄성을 질렀다. 한 구석에는 작은 소파와 예쁜 쿠션과 인형들이 있고, 벽에는 꽤나 큰 장난감 냉장고와 싱크대가 나란히 붙어 있는데, 그 위에 앙증 맞은 장난감 냄비 세트며 그릇들이 차곡차곡 쌓여 있었던 것이다. 도 자기로 만든 깜찍한 접시와 찻잔들, 음식 모형을 보더니 윤정이는 바 로 달려가서 그것들을 꺼내서 늘어놓으며 좋아서 어쩔 줄 몰라했다.

엄마들끼리 두 시간 가까이 이야기하는 동안 윤정이는 한 번도 나를 찾지 않고 그 방에서 달그락 달그락 소리를 내며 저 혼자 이야기도 하 고 웃기도 하면서 소꿉놀이에 빠져 있었다. 집에 갈 시간이 되어 윤정 이를 부르자 장난감 카트에 냄비 세트며 그릇을 담아 끌고 나오며 "엄 마, 이거 우리 집으로 가져가도 될까요?" 묻는 것이었다. 나는 깜짝 놀 라서 "아니, 이건 모두 여기 사는 언니 거라서 가져가면 안 돼. 놓고 가야지." 했더니 윤정이는 큰 소리로 "안 되는데…." 하면서 고개를 푹 숙였다. "윤정이가 좋아하는 장난감인데요…." 윤정이는 울먹이면서 이 렇게 중얼거렸다. "어머나, 정말 맘에 들었구나. 윤정이도 이런 장난감 을 좋아하는구나." 다독여주자 "네… 윤정이는 없다구요. 이런 장난감 이가…." 아이는 훌쩍이며 내게 안겼다.

아하… 뭔가 마음을 툭 치고 지나갔다. 그러고 보니 얼마 전에 사준 인형 '아리'를 빼면, 둘째를 위한 장난감을 한 번도 사준 적이 없었다. 오빠가 가지고 있는 장난감이 워낙 많으니까 그걸 같이 가지고 놀면 된다고만 생각했다. 그래서 윤정이는 오빠랑 같이 토마스 기차와 수많 은 자동차들, 팽이나 칼, 그 밖에 오만가지 잡동사니들을 가지고 놀았 다. 접시며 그릇들을 좋아하는 걸 알았지만 언제든지 식기장에서 아무

접시나 그릇이나 꺼내주었으므로 그걸로 되었거니 했다. 그런데 윤정이의 마음속에는 오빠와는 분명히 다른 기호와 성향과 소망이 있었던 모양이다.

꼼꼼하고, 좋고 싫은 것이 분명하고 간식을 먹을 때에도 꼭 맘에 드는 접시를 골라 그 위에 놓고 먹는 윤정이를 보면서도 굳이 인위적인 소꿉 장난감들이 필요하다는 생각은 하지 못했다. 장난감보다 실제 물건을 가지고 노는 것이 더 좋은 거라고 생각했다. 그러면서 늘 필규 중심으로 생각했을 뿐 윤정이는 아직 어리니까 신경 쓸 게 없다고 여겼던 것이다. 그런데 언니들 방에서 가지고 놀던 그 장난감들을 놓고 돌아서야 하는 윤정이의 표정에 어린 너무나 큰 실망감과 속상함을 보고 있자니 어쩌면 그동안 너무 어른의 잣대로 아이를 보아왔던 게 아닐까 하는 생각이 들었다.

아이에게도 어른의 세계와는 명확히 구분되는 자기만의 세계가 있을 것이다. 제 손에 꼭 맞는 물건을 만지작거리며 가지고 노는 즐거움도 분명 있을 텐데, 이제껏 그런 생각을 해보지 않았다. 아이들이 원한다고 다 사주어야 하는 건 아니지만 어른들의 생각이나 판단과는 별개로 아이에게 의미 있고 소망하는 물건도 있음을 알아주어야 한다. 그래야 아이도 자기의 욕구가 받아들여지고 인정받는 경험을 맛볼 수 있다. 그런 경험은 아이의 자존감을 높이고 부모를 더 신뢰하게 만든다.

자기주장도 뚜렷하고 표현도 명료한 윤정이는 어쩌면 처음부터 제 것인, 자기 손으로 관리하고 아끼고 마음대로 할 수 있는 자기만의 것이 필요한지도 모른다. 필규 방 한 구석에라도 윤정이만의 물건들을 모아놓고 저만의 공간으로 만들어주는 것이 필요하겠구나 하는 생각이 새삼 들었다. 이런 생각을 하고 있자니 갑자기 퍽이나 윤정이에게 미안했다.

"윤정아, 언니들 장난감 중에서 뭐가 제일 갖고 싶었어?" 물었더니 "냄비 장난감이요." 한다. "그럼, 그걸 사러 가자. 엄마가 사줄게." 그러자 윤정이는 현관에서 들어오지도 않고 "엄마, 지금 사러 갈래요. 마니마니 사주세요." 하며 나를 쳐다보았다.

두 아이를 데리고 어둑해지는 거리를 걸어 마을버스를 타고 시내에 나갔다. 마트 장난감 코너에 가서 아이에게 갖고 싶은 것이 어떤 거냐고 물었더니 반짝이는 알루미늄 냄비 세트를 고른다. 호오. 정말 실제와 똑같고 깜찍한 미니어처 조리도구까지 같이 있다. 윤정이는 그걸로 대만족이었지만 그 옆에 등나무 바구니에 들어 있는 작은 찻잔 세트가 눈에 띄었다. 도자기로 구운 13피스짜리인데 가격이 4천9백 원, 너무 착하다. 그것도 들려주니 윤정이 입이 함박만하게 벌어진다. 그리고 냄비와 찻잔에 넣을 만한 것들이 필요할 것 같아 플라스틱으로 되어 있는 음식 모형 세트를 같이 사주었다. 이만하면 필규가 네 살 때 동생 준다며 재활용 코너에서 주워온 장난감 싱크대랑 같이 재미나게 소꿉놀이를 하며 놀 수 있겠구나 싶었다.

커다란 상자 세 개와 내 가방까지 쩔쩔매며 어깨에 메고 유모차를 밀며 전철을 타고 집까지 오느라 정말 애를 먹었지만 윤정이는 잠결에

도 등나무 가방을 손에서 놓지 않았다. 그리고 밤늦도록 마루 한켠에 제 살림살이들을 늘어놓고 소꿉놀이에 푹 빠져 있었다. 아침에 일어나서도 제일 먼저 제 살림살이 쪽으로 달려갔다.

딸이 다섯이나 되었지만 늘 궁핍했던 우리 집은 딸들에게 예쁜 옷이나 장난감들을 사줄 형편이 못 되었다. 집안 사정을 너무 잘 알았기에 갖고 싶은 마음을 드러내어 졸라본 일도 없었다. 좋은 게 생기더라도 다른 자매에게 양보하고 다른 사람이 먼저 선택하게 하고 나는 그 나머지를 받았다. 그래도 괜찮다고 생각했다. 그렇게 살아오는 동안 나는 원하는 것을 표현하고 요구하는 일에 아주 서툰 사람이 돼버렸다. 나이 마흔이 된 지금도 내 안에는 그런 성향이 강하게 남아 있다. 몸은 어른이 되었지만 내 안에는 여전히 나보다 남의 요구에 더 민감하게 반응하고 솔직하지 못하고 애처로운 어린 아이가 남아 있다.

어쩌면 윤정이에게 필요 이상으로 새 물건을 사주는 것에 인색했던 것도 그 시절에 무엇 하나 풍족하게 누려보지 못했던 일그러진 내 안의 어린아이 때문일지도 모른다. 나도 윤정이처럼 예쁜 그릇들을 모으고, 여성스럽고 아름다운 옷들을 걸치고, 반짝거리는 장신구들과 화려한 것들을 하고 싶은 그런 욕망이 숨어 있을 것이다. 다만 없는 척 아닌 척, 그런 것에 관심 없다는 듯 자신을 속이며 살아온 면도 있으리라.

윤정이가 내 안의 아이를 일깨운다. 그 아이가 원했던 것들을 드러내 준다. 새삼 반갑다. 딸과 함께 다시 그 어린 시절을 살아볼 수 있어서 다행이다. 나이 들어서 어린 시절의 내가 그토록 원하던 장난감들을 가지고 어린 딸과 놀 수 있으니 얼마나 좋은가. 윤정이가 조금 더 크면 윤정이랑 똑같은 치마도 사서 입어보고, 윤정이랑 같은 미용실에서 파마도 해보리라.

내 안의 가여운 어린아이를 이제라도 돌보라고 윤정이가 내게 왔나보다. 이제는 그 아이에게도 햇볕을 쬐어주자. 내 욕망들에도 더 솔직해지자. 윤정이의 반짝거리는 새 장난감들이 내 안의 무수한 이야기들을 풀어낸다. 왠지 가슴이 뭉클해진다.

놀이가
아이들을
반짝이게 하리니

...

지켜보면 알게 된다.
화내기 전에, 혼내기 전에
가만히 그 놀이 속에 같이 들어가보면 안다.

둘째가 조용하다. 오빠 방에 들어가는 것은 보았는데 벌써 한 시간이 넘게 나오지 않는다. 오전에 배달된 격월간 《민들레》를 보느라고, 옆에서 계속 놀아 달라고 말을 거는 필규에게 건성으로 대하며 꼼짝도 안 하고 있던 터라 한 놈이라도 나를 안 찾는 게 고마운 일이긴 한데 이젠 내가 궁금해졌다.

살그머니 고개를 디밀어보니 윤정이는 자질구레한 장난감들을 넣어두는 플라스틱 정리함을 열어놓고 거기 있는 것들을 하나하나 꺼내가며 저 혼자 이야기도 하고 말도 걸면서 재미나게 놀고 있었다.

"안녕? 나는 장수풍뎅이야. 너는 누구야?"

"나는 인형이야. 우리, 같이 놀까?"

윤정이는 제 말을 듣고 있는 엄마를 향해 한 번 생긋 웃어주고는 계속 놀이를 한다. 아이들의 놀이에는 확실히 사이클이 있다. 도무지 아무것도 못하게 매달리면서 원하는 것을 해 달라고 떼를 쓰는 때가 있는가 하면, 이렇게 한참 동안 엄마도 잊어버리고 저 혼자 노는 것에 빠져 있을 때도 있다.

두 아이를 키워보니 아이는 배가 부르고 제가 부탁한 것이 일단 충족되면 어느 정도 만족해서 다른 놀이로 옮겨간다. 이때 중요한 것은 처음 욕구가 충분히 채워져야 한다는 것이다. 윤정이의 경우는 특히 그렇다. 책을 들고 다가오면 하던 일을 일단 미루어두고 먼저 읽어줘야 한다. 보통 아침 나절에는 나도 신문 읽는 일에 몰두하고 있기 때문에 눈이 자꾸 신문으로 향하지만 어쩔 수 없다. 윤정이는 만족할 만큼 책을 읽어줘야 다른 놀이를 한다.

놀 때는 마음껏 어지르게 한다. 아이들의 놀이엔 경계도 구분도 없기 때문이다. 자동차 놀이를 하다가 거기에 인형을 태우고, 딱지통을 모두 뒤집어 그걸로 자동차 길을 만드는가 하면, 책을 쌓아서 언덕도 만드는 식이다. 순식간에 그릇장에 있는 그릇들이 옮겨지고, 베개가 등장하고, 레고 통이 몽땅 쏟아져 나오기도 한다.

놀이는 그야말로 하나의 거대한 흐름이다. 어디서부터 어떤 놀이라고 금 긋듯 가를 수가 없다. 그러니 때로는 필규 방에서 시작된 놀이가 거실로 나와 침대방과 서재방까지 이어지기도 한다. 한 곳이라도 좀 말끔하게 정리되어 있다면 좋겠지만 그건 어디까지나 내 생각일 뿐,

그 거대하고 거침없는 흐름을 막을 도리가 없다.

아이들은 이 방에서 이 놀이를 하다가, 또 저 방에 들어가 딴 일을 궁리하고, 다시 마루로 나와 아까 하던 놀이를 잇거나 새 놀이를 짜내고 있으니, 아이들을 말리는 일은 일찌감치 포기하고 내버려둔 채 그냥 그 흐름에 같이 풍덩 들어간다. 그저 슬쩍슬쩍 맞장구나 치면서 찜해두었던 책을 읽는 쪽을 택하는 게 낫다.

방을 한껏 어지르며 놀던 아이가 부엌 책상으로 와서 이번에는 티슈를 가지고 놀기 시작한다. 며칠 전부터 윤정이는 티슈를 수십 장씩 뽑아 놀고 있다. 티슈는 인형의 이불도 되고, 옷도 되고, 깔개도 되고, 수건도 된다. 처음엔 조금만 쓰자고 타이르다가 이젠 포기하고 말았다.

"아리가 아파서 많이많이 이불을 덮어줘야 한다구요." 하는 윤정이의 말에 딱히 대꾸할 말이 없었기 때문이다. 낭창낭창한 나뭇가지처럼 쉼 없이 뻗어가는 아이의 상상력을 어떻게 티슈 몇 장으로 제한할 수 있을까. 윤정이는 컵에 레고 조각을 넣고 물을 붓고 숟가락으로 저어가며 인형 약을 만든다. 만들다가 맛도 본다. 말릴 수 없다.

"약이 쓰네. 엄마, 물이를 더 따라주세요. 약이 쓰거든요."

나는 끄덕이며 물을 더 따라준다. 장난감 담긴 물을 조금 마셨다고 아이가 어떻게 될 리야 없겠지. 위험한 게 아닌 한 그냥 아이의 놀이를 방해하지 않고 그대로 인정해 줄밖에. 그러면 아이는 그 놀이 속에 한참 동안 재미나게 빠져 있다.

지켜보면 알게 된다. 화내기 전에, 혼내기 전에 가만히 그 놀이 속에 같이 들어가보면 안다. 어른들의 눈에는 도무지 정신없고, 엉망이고, 아깝고, 쓸데없는 것처럼 보이지만 아이에게는 모든 것들이 놀이 안에서 각각의 이유와 역할을 가지고 반짝반짝 살아 있다. 어떤 날은 알루미늄 호일 한 통이 인형들의 갑옷으로 둔갑해 바닥을 드러내고, 집안의 모든 컵이 실험용 컵으로 꺼내지기도 하고, 고급 티슈 수십 장이 사방에 널려 있다. 평범한 물건들로 온갖 것을 궁리하고 창작하면서 즐겁게 논다. 새로운 세상을 만들어내는 아이들의 놀라운 재능이 그저 감탄스러울 따름이다.

만화 《써핑업》을 보고 두 아이는 이불로 파도를 만들고 베개로 멋지게 서핑을 한다. 의기양양한 표정에 즐거움이 가득하다. 서핑을 하다가 커다란 파도가 몰려온다고 신나게 무너져 내리는 두 아이에게 나는 언제나 지고 만다. 아이들은 파도처럼 이 놀이에서 저 놀이로 옮겨가고, 뒤에 남은 나는 툴툴거리며 그 잔재들을 정리하고 치우느라 고단하다. 하지만 사실 많은 시간을 집에서만 보내야 하는 겨울날, 이토록 건강하고 즐겁게 노는 것만으로도 아이들에게 고마워해야 하리라.

파도처럼 언젠가는 이런 날도 다 지나갈 것이다. 이불들이 더 이상 거센 파도가 되지 않는 날이, 티슈는 그냥 평범한 티슈로 남는 날이, 그릇들은 얌전하게 그 자리를 지키고 있고 방들은 청소한 그 상태로 단정하게 남아 있는 날이 올 것이다. 그때가 오면 나는 치우기 힘들다고 불평하며 보내는 이 시간들을 그리워하리라. 얼마나 빛나고 예쁘고 소중했던 시간이었던가 되새기며 아쉬워할 것이다. 그래서 나는 아이들이 만들어놓은 파도 위에서 같이 구르는 시늉을 하고, 옷장에 숨은 두 아이들이 안 보이는 것처럼 일부러 오래오래 "어디 숨었지?"를 외치며 집안을 누빈다. 내 나이 마흔이지만 이 아이들과 함께 있는 동안은 나는 일곱 살, 세 살 아이일 뿐이다.

바람 쐬게 합시다

...

한겨울 찬바람 맞아가며, 한여름 불볕더위를 이겨내며
아이들은 자라야 한다.
몸은 계절에 적응해가며 단단해지고 야물어진다.

일곱 살이 되면서 키도 훌쩍 크고 체력도 좋아진 필규는 온종일 놀 궁리만 하며 지낸다. 여기에 둘째도 한몫을 하니, 두 아이와 놀아주고 재미있게 해줘야 하는 막중한 책임은 몽땅 내 차지다. 밖이 꽁꽁 얼어붙은 한겨울이라 해도 힘이 펄펄 넘치는 일곱 살 사내아이는 집에서만 놀 수가 없다. 그래서 우리는 자주 밖으로 나간다.

다행히 올겨울엔 멀지 않은 곳에 얼음 썰매장이 생겨서 틈나는 대로 거기서 썰매를 탄다. 필규는 혼자 타고, 윤정이는 내가 썰매 위에 책상다리를 하고 위에 앉혀서 태운다. 11킬로그램이 넘는 윤정이를 앉힌 채 썰매를 타고 필규를 쫓아다니다 보면 춥기는커녕 땀이 흐를 지경이다. 다리도 쑤시고 어깨도 빠질 것처럼 힘들다. 그러다 정 힘들면 2인

용 썰매에 두 아이를 앉히고 줄로 끌고 다닌다. 두 아이 키우는 엄마의 이 놀라운 차력술이란. 스트레스에 찌든 아빠들이 이렇게 하루 놀아주고 나면 일주일은 끙끙거리며 앓아 누우리라.

어제는 정오에 집을 나섰어도 영하 6도였다. 그래도 두 시간 넘게 썰매장에서 놀았다. 필규는 그렇다 치고 내 무릎에만 앉아 있는 윤정이는 추워할 만도 한데 깔깔거리며 "오빠야, 거기 서!" 목청껏 소리치며 좋아한다. 만약 윤정이가 첫아이였다면 그렇게 추운 날에 밖에 나갈 일이 있었을까. 아마도 주로 집에서 보냈을 것이다. 그렇지만 둘째로 태어난 윤정이는 위로 펄펄 날아다니는 일곱 살 오빠를 둔 까닭에 뭐든지 일곱 살 사내아이의 기준대로 놀고 어디든 잘 따라다닌다. 일찌감치 밖에 나다니고 바람 쐬며 자란 탓인지 여간해서 심하게 아픈 법이 없다. 콧물이 흘러도 한 달 넘게 지켜만 보면 맑은 콧물에서 누런 콧물로 넘어갔다가 다시 맑아지고 없어진다. 고막에 염증 생긴 것도 딱 하루만 약 먹이고 지켜보았더니 고막이 터졌다가 다시 붙은 뒤로는 재발이 없다. 기침을 심하게 해도 며칠 지켜보면 견디어낸다.

어린아이를 키우는 엄마들은 '찬바람'을 너무나 싫어한다. 찬바람만 쐬면 감기에 걸린다고 생각하는 모양이다. 아이들과 외출할 때는 찬바람을 쐬게 하지 않으려고 엄청나게 무장을 시킨다. 두꺼운 옷에 털모자, 마스크로 눈만 간신히 나오게 가려주고, 장갑에 털부츠, 그것도 모자라 유모차에 앉혀 비닐 덮개로 아이를 꽁꽁 싸맨 채로 다닌다. 밖에서 오랜 시간을 지내야 한다면 그런 차림으로 나설 만도 하다. 하지만 그렇게 무장시킨 아이들은 바로 차를 타거나 따뜻한 실내로 들어간다.

가끔 대형마트에 가면 겉옷을 벗어야 할 정도로 더운데도 털모자에 털장갑을 낀 아이들을 유모차에 태우고 비닐 덮개도 그대로 씌운 채 마트 안을 돌아다니는 모습을 보기도 한다. 얼마나 답답하고 더울지 보기만 해도 숨 막힐 정도다. 신생아가 아니라 윤정이 또래이거나 더 큰 아이들도 꽁꽁 싸맨다. 신생아 시절 서너 달을 빼고, 윤정이의 유모차 비닐 덮개는 일찌감치 치워버렸다. 가끔 유모차를 탈 일이 있어도 담요 한 장 무릎에 덮어주는 것이 고작이다. 오빠가 자전거를 탈 때는 찬바람 쐬며 유모차 안에서 잠도 자며 같이 다닌다. 그래도 찬바람 덜 쐬며 키운 필규보다 훨씬 더 건강하고 단단하다.

두 아이를 데리고 나가보면 날이 조금만 추워도 어린아이들이 돌아다니는 모습을 볼 수 없다. 찬바람 쐬면 큰일 나는 줄 알고 따스한 집에서만 지내는 게 아닐까 싶다. 그렇게 따뜻하게 지내도 요즘 아이들은 감기에 더 많이 걸리고 탈도 더 많이 난다. 병원엔 언제나 콜록거리는 아이들로 가득하다. 왜 그럴까.

한겨울 찬바람 맞아가며, 한여름 불볕더위를 이겨내며 아이들은 자라야 한다. 몸은 계절에 적응해가며 단단해지고 야물어진다. 추위를 제대로 실감한 아이들은 그다음 겨울에 더 건강하게 뛰어놀 수 있다. 추우면 추운 대로 더우면 더운 대로 견디고 이겨내고 적응하는 힘이 아이들을 건강하게 한다. 요즘 아이들은 가장 기본이 되는 이런 기회들을 잘 누리지 못한다. 조금만 더워도 조금만 추워도, 가려주고 막아주는 부모들 아래에서 아이들은 온실 속의 화초 마냥 시들시들하게 자란다. 키도 몸집도 더 커졌는데 더 많이 아프면서 자라는 것이다.

찬바람은 바이러스가 아니다. 찬바람 쐬면 감기 걸린다고 아이들을 겁줄 일이 아니라, 찬바람을 쐬어도 네 몸은 건강하고 튼튼할 거라고 격려해줘야 한다. 찬바람 이겨가며 즐겁고 신나게 노는 것이 몸을 더 건강하게 만든다고 일러주어야 한다. 그래야 자기 몸을 믿고 기꺼이 찬바람 속으로 뛰어들 수 있다. 나가려는 아이들 감기 걸린다고 잡을 게 아니라 따듯하게 입혀서 등 두드려주며 밖으로 내보내자. 계절을 피하게 하지 말고 맞서며 이겨내고 즐기게 하자. 그것이 우리 아이들을 건강하게 키우는 비결이다.

'보험'보다 더 믿어야 할 것들

...

아이 스스로의 면역력과 부모의 손길을 믿기보다는
보험회사와 의사의 손에 우리 아이의 건강을
죄다 맡겨버리는 건 아닌지.

첫아이 필규가 태어나서 6개월 되었을 때 처음으로 입원을 했었다. 당시 필규는 며칠째 미열이 계속 있던 상태였다. 고열도 아니고, 37.5도 사이를 오가는 열이 며칠 계속되었는데, 다니던 대학병원 소아과 과장이 입원을 권했다. 미열이 계속되는 것도 위험할 수 있으니 일단 입원해서 경과를 보자는 것이었다.

서른셋에 첫아이를 낳은 늙다리 초보 엄마는 아이를 입원시키라는 말에 다리가 다 휘청거렸다. 아이에게 큰일이 났다고 겁을 먹어버린 것이다. 입원이라는 건 정말 심하게 위험한 경우에나 하는 일로 생각하고 있었기에 어린 아들의 입원을 맞닥뜨린 나는 눈물을 흘리며 덜덜 떨었다.

6개월 된 아이의 팔에 링거를 꽂느라 주사바늘을 여기저기 찔러대는 것에서부터 충격을 받았고, 곧 그 주사바늘을 통해 들어가는 엄청난 양의 항생제를 보고는 정말 경악했다. 그동안 약국에서 처방해주는 몇 밀리리터 약도 아이의 목에 넘길 때면 꼭 독을 먹이는 죄스러움으로 떨었는데, 링거로 투여되는 약은 내가 상상할 수 없는 엄청난 양이었다. 게다가 엑스레이에 피검사까지 아이가 거쳐야 하는 검사들은 얼마나 많은지, 그 검사들을 할 때마다 아이는 자지러지게 울어댔고 내 마음은 견딜 수 없는 생채기가 났다. 결국 필규는 첫날부터 독한 항생제에 대한 부작용으로 변을 지리기 시작했고 이내 여린 항문이 헐어버렸다. 변을 지릴 때마다 헐어버린 항문이 쓰라리니 아이는 밤새 울었고, 나는 그때마다 아이를 안고 물로 엉덩이를 닦아주고 말려주느라 같이 밤을 새웠다. 미열 잡다가 아이를 잡을 판이었다.

필규가 입원한 병실은 6인용 아동병실이었는데 폐렴이나 장염, 열감기가 제일 흔했다. 이틀을 지내면서 아이를 돌보는 엄마들끼리 수다처럼 오가는 이야기를 듣게 되었다. 엄마들은 한가할 때 앉아서 서로 아이 앞으로 들어놓은 어린이보험 일당을 계산하고 있었다. '일당이라니? 일하는 것도 아닌데 무슨 일당?' 의아해하는 내가 뭘 모르는 순진한 엄마였다. 그이들이 들어놓은 유명 보험사의 어린이보험들 대부분은 입원 며칠째부터 하루에 몇 만 원씩 일당이 나온다는 것이었다.

"어머, 거기는 3만 원이나 줘? 나는 2만 원인데. 그럼 오래 있어야겠다." 그 엄마들은 이런 얘기들을 하며 웃었다. 그러고 보니 그이들은 아이가 병원에 입원하는 일이 처음이 아니었다. "통원치료 해도 잘 낫지 않고 금방 심해지고 그럴 때는 차라리 입원이 나아. 통원치료는 왔다갔다 귀찮기만 하고…. 이렇게 입원시켜서 집중치료 받으면 효과가 빠르더라고." 사방에서 맞는 말이라며 맞장구를 쳤다. 내가 모르는 세계가 펼쳐지는 기분이었다.

아이 앞으로 보험 한두 개 들지 않은 집은 거의 없지 싶다. 그만큼 어린이보험은 우리 생활과 떼어낼 수 없을 만큼 밀착해 있다. 살아 있을 때는 보험회사가 알아서 해주고, 죽은 다음에는 상조회사가 알아서 해주는 세상이다. 대낮에 케이블 방송을 틀면 보험회사와 상조회사의 현란한 광고들이 쏟아져 나온다. 보고 있으면 당장 전화해서 들어야 할 것처럼 내용들이 화려하다. '묻지도 따지지도 않는' 보험도 있단다. 복잡한 가입 절차 없이 누구나 다 받아준단다. 그러면서 보장도 빵빵하다고 요란하게 광고한다. 보고 있으면 이렇게 좋은 상품에 가입하지 않는 사람들이 바보처럼 느껴질 정도다.

특히 아이들 보험을 광고할 때는 과자 값 정도만 투자하면 아이의 건강과 미래가 완전히 보장되는 것처럼 떠들어댄다. 그걸 보고도 보험에 가입하지 않는다면 무책임한 부모인 양 느껴질 정도다. 다른 것은 못해줘도 아이 보험은 꼭 들어줘야겠다는 생각이 들게 한다. 그래야 부모 노릇 하는 것 같고, 아이의 미래를 챙겨주는 것처럼 느껴진다. 이러니 안 들 도리가 없다. 아이 앞으로 보험을 들어놓고 아프건 아프지 않건 꼬박 꼬박 보험료를 내다보니, 아이가 아플 때 보험료를 타먹을 생각에 위안을 얻기도 한다. 정말 일부겠지만 보험료 믿고 병원 쇼핑을 하는 엄마들도 생길 수 있겠다.

필규도 태아 때 가입해 둔 보험이 있었다. 남편 선배가 보험회사 직원이었는데 결혼 전부터 보험 가입을 권했지만 고사하던 남편도 늦은 나이에 결혼해서 바로 아이를 갖고보니 아이가 걱정이 되었나보다. 제왕절개 특약까지 넣은 태아보험을 들어주었다. 그 선배는 내게 남편으로부터 정말 큰 선물을 받은 거라며 축하를 해주었다. 그때는 나도 적지 않은 나이에 가진 첫 아이여서 출산에 대한 걱정도 있던 터라 보험에 들어 있다고 생각하니 안심이 되기도 했다.

그러나 필규는 조산원에서 자연분만으로 낳아 제왕절개 특약은 무용지물이 되었고, 생후 6개월 때 열감기로 입원한 것이 지금까지 경험한 유일한 입원이었다. 그 입원에서도 나는 3일 만에 아이를 병원에서 데리고 나왔다. 의사는 더 있어보자고 했지만 아이의 몸에 가해지는 의료 폭력을 더 이상 보고 있을 수 없었다. 필규가 들어둔 보험도 입원 4일째부터 하루에 얼마씩 일당을 주는 모양이었으나 그런 것은 내게 아무런 의미가 없었다. 필규는 퇴원하고 오히려 좋아졌다.

나중에 늘 다니던 동네 병원에 가서 필규 이야기를 하니 "○○병원이 원래 입원을 많이 시켜요. 요즘 입원실이 남나보네요. 그런 걸로 입원하라고 하고…." 하는 게 아닌가. 입원환자가 줄어 비는 병실이 많아지면 아이들, 특히 어린 아이들의 입원을 권한다는 것이다. 성인들이야 입원을 권해도 나서서 하는 사람이 많지 않고, 초등학생만 되더라고 학교가 걸려 입원하기가 어렵다보니 어린 아이들이 주로 입원 권유를 받게 되는 것이다. 아직 아이가 어려서 걱정이 많은 부모들은 병원에서 입원을 권했을 때 소신 있게 판단할 수가 없다. 대부분 그 말에 따라 입원을 하게 되는 것이다. 보험료에서 입원비가 나오니 최소한 경제적 부담은 없고, 병원 말대로 입원을 시켜서 아이를 위험하지 않게 하려는 엄마들의 불안한 마음이 병원의 운영 방침과 맞아 떨어져 이런 일들을 만들어낸다.

그 후로 나는 병원에 의지하지 않고 아이를 키우는 법에 대해 많이 공부하기 시작했다. 필규가 겪은 일을 다시는 반복하지 않겠다는 마음으로 아이가 조금 아플 때 적절하게 돌보고 낫게 하는 방법을 찾아보고 직접 실천했다. 그리고 그 후론 물론 다시 입원한 적은 없다. 몇 번쯤 병원에서 입원을 권했던 일이 있지만 나는 따르지 않았다. 좀 오래 걸리기는 했지만 아이는 늘 큰 일 없이 병을 이겨내곤 했다. 그리고는 언제부터인가는 병원을 모르고 살 만큼 건강해졌다.

필규의 보험은 보장기간이 15년이어서 지금도 계속 한 달에 5만 원씩 보험료가 들어가지만 그 덕을 본 일은 없다. 남편은 나중에 원금은 돌려받으니 교육비를 모으는 셈 치자고 하지만 그럴 거면 차라리 적금을 들어두는 게 낫지 않았을까 생각하기도 한다.

아이를 건강하고 아프지 않게 키우고 싶은 마음이야 모든 부모들이 한결같을 것이다. 그런 마음 때문에 아이를 위한 보험에도 가입한다. 혹시 올지 모르는 심각한 질병이나 사고로부터 내 아이를 지켜내고 싶은 부모 마음을 건드리는 보험회사 직원의 상세한 브리핑에 안 넘어갈 재간이 없다. 요즘 보험들은 질병이나 사고뿐만 아니라, 왕따를 당하게 될 때 겪는 정신적 외상에 대비해 정신과 치료비까지 보장해준다. 학교 폭력도 미리 대비해주는 보험이 있다. 내가 사는 이 사회는 학교에서 일어나는 폭력이나 왕따 문제를 해결할 능력도 없다보니 그런 상처까지 보험회사가 미리 준비해주나 보다. 이걸 고마워해야 할지, 기막혀해야 할지 모르겠다.

보험이 있으니까 가벼운 증상에도 병원을 찾는 일을 너무 쉽게 여기는 건 아닐까. 국민 의료보험이건 민간 의료보험이건 보험은 들어놨고 병원비가 부담되지 않으니 일단 가고, 가면 당연히 약을 타온다. 어린 아이를 둔 엄마는 조금만 심하면 입원도 망설이지 않는다. 한 번 입원하면 최소 일주일이다. 입원해서 며칠만 지나면 일당도 나온다. 가볍게 아픈 것보다 차라리 화끈하게 아픈 게 더 도움이 되는 현실이다.

물론 아무리 조심한다 해도 위험한 사고를 당할 수 있고, 큰 병에 걸릴 수도 있다. 그럴 때는 보험 하나 안 들어 놓은 것이 후회될지도 모른다. 살다보면 마음이 바뀌어 보험에 가입할 때가 올지도 모르지만 아직 나도 둘째도 보험에 들지 않았다. 보험에 의지하기 전에 내 몸의 면역력과 저항력을 더 많이 키우고, 내 몸의 상태와 일상에 더 많은 관심과 주의를 기울이는 삶을 택하고 싶기 때문이다. 돈 걱정 없다고 쉽게 병원을 찾기보다, 병원에 의지하지 않고 아이가 건강하게 자라도록 삶을 돌보고, 몸을 돌보는 생활이 더 가치 있다고 믿기 때문이다.

유기농 아니면 안 먹인다구요?

...

안 좋은 음식에 끌리는 것이 아쉽긴 하지만
그럼에도 불구하고 엄마는 네 욕구들까지 사랑한다는 것을
알려주는 게 더 중요하다.

서른 셋 늦은 나이에 결혼을 하고 내 부엌이 생겼다는 게 너무 좋았다. 엄마가 만든 음식이 물론 맛있긴 했지만 맛소금과 조미료를 쓰는 것은 내심 싫었다. 방황 많던 젊은 시절에 명상이니 요가니 하는 것에 빠지면서 나는 몸으로 들어가는 음식이 인간의 건강은 물론 감정과 성격에도 커다란 영향을 미친다는 것을 머리로 이해하고 있던 상태였다.

결혼하자마자 생협 회원으로 가입해서 유기농 식품을 공급받기 시작했다. 결혼과 동시에 아이를 가질 계획이었으므로 무엇보다 건강한 음식으로 몸을 만들어 건강한 엄마가 되고 싶었기도 했다. 결혼 이듬해에 첫아이를 낳은 후에는 더더욱 유기농 식품 신봉자가 되었다.

이런 내 노력 탓에 엉뚱하게도 남편과 시댁에 불똥이 튀었다. 남편

은 총각으로 오래 혼자 지내면서 인스턴트와 주전부리에 익숙했던지라 결혼했다고 입맛이 갑자기 바뀌지는 않았다. 집에서 먹는 밥이야 아내가 차려주는 대로 먹었지만 간식을 완전히 끊기는 어려웠나보다. 이따금 초코파이 따위를 사와서는 나한테 타박을 받고 아이가 안 보는 다용도실에 숨어 몰래 먹곤 했다. 주말이 되면 라면을 먹고 싶어했는데 유기농 매장에서 사온 라면은 신랑의 입맛에 맞지 않았다. 기어코 슈퍼에서 파는 라면을 사와서 맛있게 끓여 먹는 모습을 보면 얄미운 감정을 넘어 혐오감마저 들곤 했다.

시댁에 다녀갈 때 어머님이 바리바리 싸주시는 음식들도 마뜩찮게 여겼다. 시부모님은 쌀이며 이런저런 잡곡을 챙겨주셨는데 그럴 때마다 혹시 농약 뿌려 기른 것은 아닐까 의심하곤 했다. 선물세트로 받은 스팸이며 참치캔 따위도 세 며느리에게 똑같이 나누어주시곤 했는데 나는 늘 괜찮다며 손사래를 쳤다. 형님과 동서네가 애가 많으니 더 드리라고 양보하는 척했지만 사실은 아이에게 먹이기 싫었던 것이다.

지금 생각해보면 참 요령도 없고 눈치도 없던 며느리였다. 형님과 동서 입장에서 보면 얼마나 얄미운 모습이었을까 싶다. 내 아이에겐 좋지 않은 음식이라서 안 먹이면서 당신들이 더 가져가라고 양보했으니 말이다. 허나 형님과 동서에겐 미안하긴 했지만 나도 내 아이 건강하게 키워보겠다고 노력하는 것이니 어쩔 수 없다고만 여겼다.

그런데 언제부터인가 이런 행동이 주위 사람들에게 불편함을 준다는 것을 깨닫기 시작했다. 모처럼 친정에 가도 엄마는 가게에서 사온 과자를 손자 손에 쥐어주며 내 눈치를 보곤 하셨다. 친정 자매들도 내가 너무 유별나다며 적당히 먹이며 키우라고 조언하곤 했다.

이웃집에 놀러 가서도 유기농이 아닌 간식들을 내놓으면서 "필규네는 이런 거 안 먹이지?" 하며 내게 미안해하는 엄마들을 대할 때는 나도 불편해졌다. 어느새 동네에서도 내가 '유기농만 먹이는 엄마'로 여겨지고 있었다. 그렇다고 내가 더 좋은 엄마라는 뜻은 아닐 텐데 왜 그 엄마가 내 앞에서 조심하는지 도리어 미안하기도 했다. 그렇지만 어쨌든 먹거리에 한해서는 철저해야 한다는 생각은 오래 고수했다.

첫아이를 유기농으로만 키우면서 좋은 것만 먹였고, 누누이 설명하고 알려주었으니 스스로 삼가고 가려먹는 지혜가 생겼으리라 기대했다. 그러나 그건 어디까지나 내 기대였다. 내 품에서만 지낼 때는 괜찮았지만 동네 아이들과 어울리면서부터 아이는 불량식품과 공장 과자들을 열망하기 시작했다. 심지어는 동네 아이가 준 과자 껍질까지 핥아먹는 모습을 보며 참담한 실망을 느껴야만 했다.

어쩌다 마트를 다녀올 때마다 큰아이는 마트 한쪽 코너에서 햄버거를 사서 먹고 있는 아이들을 부러운 눈빛으로 바라보곤 했다. 햄버거가 얼마나 나쁜 음식인지 누누이 설명하고 아이랑 같이 도서관에서 정크 푸드에 관한 책까지 빌려 읽었지만 그래도 아이는 아주아주 가끔 햄버거가 먹고 싶다고 했다. 엄마가 만들어주겠다고 해도 '그런 곳에서 파는 햄버거'를 '그 장소'에서 먹고 싶어하는 마음은 어쩔 수 없었다.

나는 기대와 다르게 크는 첫아이를 보며 새롭게 깨우쳤다. 아이는 어디까지나 아이일 뿐, 머리로 알고 있다 해도 그래도 먹고 싶은 마음 역시 아이다운 것이다. 엄마의 가치와 맞지 않는다고 해서 아이의 생활을 모두 통제할 수 없다는 것을 받아들였다. 그래서 아이랑 의논을 했다. 햄버거는 정말 나쁜 음식이고 엄마는 네 건강이 무척 중요하니까 아주아주 가끔만 사 먹자고 했다. 아이는 기꺼이 고개를 끄떡였다.

"엄마가 왜 이런 음식 안 사주는지 알지?"

"그럼요, 나를 건강하게 키우려고 하는 거잖아요. 햄버거 많이 먹으면 비만이 되고 정말 안 좋잖아요."

"그렇게 다 알면서도 꼭 먹고 싶니?"

"네, 아주 가끔씩은요."

아이도 다 안다. 엄마가 왜 그러는지.

"얼마나 가끔이면 돼?"

아이는 잠깐 생각하더니 "한 달에 한 번만 사주세요." 하며 기간을 정했다. 나도 그 정도면 좋다고 했다. 엄마가 허락을 해주자 녀석은 뛸

듯이 기뻐했다. 그리고는 다시 "한 달에 두 번은 안 될까요?" 하다가 혼이 났지만 그래도 신난다고 했다. 그 후로 물론 한 달에 한 번씩 꼬박꼬박 햄버거를 사 먹지는 않았다. 마트에 가는 일도 드물었지만 어쩌다 가더라도 다른 물건을 사는 데 정신이 팔려 잊어버리기도 했다.

한 달에 한 번 허용을 받은 것 자체가 햄버거에 대한 강렬한 열망을 오히려 반감시킨 게 아닌가 싶다. 완전히 억눌렀다면 아이는 더 집착하고 매달렸을 수도 있다. 아주 조금이라도 숨 쉴 여유를 주는 것이 때로는 아이를 더 건강하게 한다. 자신의 욕구를 엄마가 이해하고 받아들여줬다는 사실이 아이에게는 햄버거보다 더 중요한 것이기 때문이다. 안 좋은 음식에 끌리는 것이 아쉽긴 하지만 그럼에도 불구하고 엄마는 네 욕구까지 사랑한다는 것을 알려주는 게 더 중요하다. 건강한 음식만이 아이를 키우는 게 아니라 결국은 엄마의 사랑과 이해가 아이의 몸과 마음을 더 살찌게 하는 법이다.

이런 일들을 겪으면서 나도 많이 변했다. 전처럼 일주일에 한 번 생협을 통해 유기농 제품들을 공급받지만 지금은 그 물건들을 넣기 전에 아이들과 하나하나 살펴보며 이야기를 많이 한다. 생협에서 온 식재료로 아이와 음식을 같이 만드는 일에도 정성을 들인다.

먹거리에 대해 다른 사람들에게 불편함을 주면서까지 완고했던 내 원칙도 느슨해졌다. 동네 아파트에 서는 장에 들러 아이랑 시장 구경도 하고 물건을 고르기도 하고, 가끔은 길거리 음식도 즐겁게 사 먹는다. 아이들이 멀리 출장 다녀오는 아빠에게 살짝 전화를 걸어 초코파이 한 상자만 사오라고 부탁하는 것도 눈감아준다. 요즘은 어머님이 챙겨주시는 것들을 감사하게 받아온다. 유기농으로 기른 쌀은 아니지만 그 마음이 얼마나 지극하고 정성스러운지 잘 알기 때문이다. 아이가 먹는 것은 단순한 쌀이 아니라 어머님의 정성이기 때문이다.

백 퍼센트 유기농으로만 아이를 키우는 일보다 어떤 음식이라도 고맙게 여기고 맛있게 먹는 아이로 키우는 일이 더 중요하다. 아이들에게 직접 요리하는 모습을 자주 보여주는 일이 유기농을 고르는 안목보다 더 중요하다. 엄마와 함께 음식을 만들고, 내 몸에 건강한 것들을 선택하는 법을 나날의 식탁에서 배우게 된다면 언젠가는 아이들도 자연스럽게 건강하고 바른 삶을 선택할 수 있지 않을까 그렇게 믿는다.

아이 셋, 나이 마흔에 꿈을 이루다

...

시들었던 가슴이 다시 달콤한 젖으로 부풀어 올라
또 한 명의 생명을 키우며 감동하며, 울고, 웃는 날들이 다시 오는 일은
어느 것으로도 표현할 수 없는 기적이고 감사다.

누구나 마음속에 품고 있는 풍경 하나 있기 마련이다. 떠올리면 마음이 편해지고, 그 안에 깃들어 있으면 행복해지는 그런 풍경. 내게도 오래 전부터 간직해온 그런 풍경 하나가 있다.

'숲이다. 사방이 싱그러운 신록이다. 나는 그늘이 풍성하고 서늘한 커다란 나무에 기대어 앉아 있다. 양쪽 팔에 한 명씩 아이들이 안겨 있고, 다리 사이에는 막내 아이가 앉아 있다. 나는 손으로 두 아이의 머리칼이며 어깨를 쓰다듬고, 가슴으로 막내 아이를 따스하게 품어준다. 우리는 같이 앉아 머리칼 사이로 내려앉는 햇볕이며 부드러운 바람을 느끼기도 하고, 작은 소리로 소곤거리며 웃기도 한다. 남편은 곧 우리에게 다가와 곁에 앉을 것이다. 넓은 팔로 우리 모두를 안으며 같이 숲

의 기운에 안겨 있을 것이다.'

사회복지사로 일하던 시절, 몸은 늘 고단했고 책상 위엔 처리해야 할 서류들이 많았다. 사정이 어려운 어르신들의 사연이 내 마음을 떠나지 않았고, 다 도울 수 없다는 것에 무력감을 느끼며 육체적으로 정신적으로 소진되는 것을 느낄 때 나는 잠시 눈을 감고 내 마음의 풍경 속으로 들어가곤 했다. 구석구석 선명했다. 오래오래 상상하며 정교하게 다듬고 꿈꾸어왔던 풍경이기에 떠올리기만 하면 바로 거기에 있을 수 있었다. 숲의 냄새와 아이들의 살 냄새를 생생하게 맡을 수 있었다. 그 아이들이 전해주는 부드럽고 따스한 온기, 내게 기대고 의지하고 나를 사랑하는 마음들을 그대로 느낄 수 있었다.

그 풍경 속에서 나는 편안하고 행복해졌다. 지금 나는 일, 사랑, 경제적 안정 어느 것 하나 제대로 성공하지 못하고 있지만 언젠가는 세 아이의 엄마가 되어 아이들과 행복하고 충만한 시간들을 보내리라. 그 꿈을 놓아본 적이 없었다. 언제나 세 아이였다. 왜냐고 묻는다면 설명할 수는 없지만 세 아이여야 했다. 셋이란 숫자는 내게 안정과 완성을 의미한다. 사랑하는 남편과 세 아이. 이것이 내가 이루고 싶은 미래였다.

2002년 1월의 마지막 날, 지금의 남편과 처음으로 제대로 된 데이트를 했을 때, 나는 또 한 번의 짧은 연애를 마쳤을 때였고 남편 역시 사귀던 사람과 헤어진 때였다. 서울의 밤 풍경을 바라보며 우린 길고 진지한 이야기를 나누었다. 늙어가는 부모에 대한 애잔한 근심들, 나이가 꽉 차도록 제 사람 하나 만들지 못하며 살아온 젊음에 대한 고민들, 그러나 마음속엔 여전히 간직하고 있는 미래에 대한 조심스러운 기대들을 꺼내놓았다.

"이다음에 결혼하면 아이는 몇 명이나 두고 싶어요?"

"적어도… 셋은 되어야 하지 않을까요?"

거기서 나는 다시 세 아이를 만났다. 남편의 마음속에 자리 잡고 있던 꿈의 일부가 내 것과 같다는 것이 반갑고 설레었다. 그날, 남편이 내 마음에 성큼 들어왔고, 우리는 5개월 후에 부부가 되었다. 결혼해서 일 년 뒤 첫아이를 낳았고, 5년 뒤에 둘째를 낳았다. 27개월간 이어진 수유를 마치면서 자연스럽게 셋째를 기다렸다.

사람들은 서른아홉인 내 나이를 걱정했고, 40대 중반으로 접어드는 남편의 경제적 능력을 염려했지만 내게 셋째아이란 경제적 어려움과 건강상의 위험을 감수해야 하는 무모한 선택이 아니라 가장 이루고 싶었던 오래된 꿈을 완성하는 존재였다. 셋째아이로 인해 비로소 내 삶은 완전한 균형을 이루게 되리라는 것을 믿는다. 두 아이를 낳을 때에도 경제적인 것을 염려해본 적은 없었고 키우는 동안에도 그랬다. 형편이 어려워지면 어려워지는 대로 아이들을 키울 것이다. 생명은 결코 계산될 수 없는 신비와 축복이다. 시들었던 가슴이 다시 달콤한 젖으로 부풀어 올라 또 한 명의 생명을 키우며 감동하며, 울고 웃는 날들이 다시 오는 일은 어느 것으로도 표현할 수 없는 기적이고 감사다.

꼭 마흔이 되는 때 나는 또 한 번 아이를 낳는 엄마가 된다. 오래 마음속에 품어왔던 풍경을 비로소 이루게 하는 아이, 그래서 셋째의 태명은 '이룸'이다. 동생이 또 생겼다고 얘기했을 때 필규는 잠이 덜 깬 눈으로 웃으며 엄마 배에 제 귀를 가져다 대며 말했다. "엄마, 쌍둥이인가 봐요. 꼬물거리는 소리가 두 개나 들려요." 했다. "엄마 뱃속에 아기가 생겼어." 윤정이에게 얘기했더니 "아기가 생겨써? 융정이 뱃속에도 아기가 있어." 윤정이는 제 배를 가리키며 웃었다. 아직 동생을 모르는 윤정이지만 엄마 배가 불러가는 것을 보면서 조금씩 제게 동생이 생긴다는 것을 느껴갈 것이다. 우리 네 식구는 새로 생긴 아기로 인해 더 가까워지고 행복해졌다.

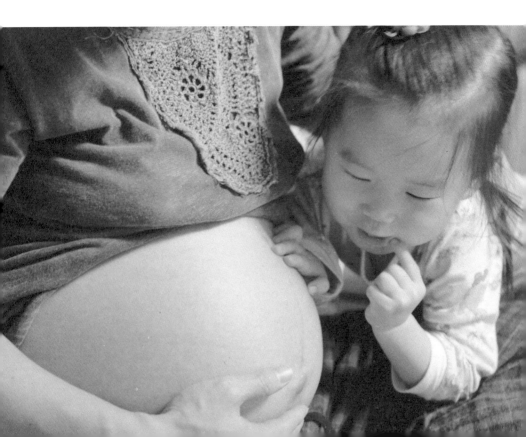

소박하고도
특별한 새해맞이

...

어떤 것이라도 좋다.
나만의, 우리 가족만의 소박한 의식으로
한 해를 보내고 새해를 맞이하자.

신달자 시인은 한 신문에서 한 해의 마지막 날이 되면 온 집안의 불을 모두 밝히고 당신 혼자 그 불빛 아래 앉아 밤을 새우며 새해를 맞이하셨던 친정아버지에 대한 이야기를 들려주었다. 밤을 새운 새벽에 그 불을 하나하나 끄는 일은 아무도 손대지 못하는, 반드시 당신만이 하시던 의식이었다고 한다. 집안의 살림이 기울고 기울어 나중에는 작은 집에서 밝힐 등이 몇 개 되지 않을 때에도 시인의 아버지는 그 의식에 들였던 정성을 포기하지 않으셨다.

시인은 신산한 삶을 통과한 지금에서야 불 밝히시던 아버지의 마음을 헤아릴 수 있게 되었노라고 고백한다. 밝은 불빛 아래서 한 해의 마지막을 보내고 새해를 맞이하며, 힘들고 안 좋았던 일들을 잘 보내고 싶은 마음, 밝은 희망을 품고 한 해를 시작하고 싶었던 절절한 마음을 말이다. 불을 밝히면서 어쩌면 아버지 자신이 하나의 불빛이 되어 자신을 태우고 계셨던 것을 아니었을까, 위대하게 이룬 건 없지만 평생을 최선을 다해 살아오신 그 자신도 이미 하나의 밝은 불빛이었음을 시인은 나이 들어 깨닫게 되었노라고 나직하게 이야기한다.

어떤 이에게는 잊을 수 없는 일들이 일어났고, 누군가에겐 고달프고 어려운 한 해의 끝이 지나간다. 기쁘고, 슬프고, 힘들고, 아프고, 어렵게 한 해가 가고 곧 새로운 해가 온다. 사람들은 새 달력을 준비하고, 새 다이어리를 챙겨보고, 새로운 계획들을 세울 것이다. 새 마음을 다져보고, 새로운 무언가를 꿈꿀 것이다. 그래서 누군가는 첫해를 맞이하러 동해로 가고, 누군가는 보신각의 종소리를 들으러 종로로 가고, 많은 이들은 집안에서 나름의 방식으로 새해를 맞이할 준비를 하리라.

나는 결혼 전에 친정 부모님과 가장 오래 지냈던 딸이었다. 위의 언니 둘과 손아래 여동생은 나보다 먼저 출가해서 친정을 떠났지만 나는 서른둘이 될 때까지도 친정에서 새해를 맞았다. 친정집은 낡고, 불편하고, 좁았다. 살림은 궁색했고 부모님은 경제적으로 늘 쪼들리셨고, 나는 박봉의 사회복지사로 지내며 외롭고 고달팠다. 그때는 1월 1일이 싫었다. 구정에는 시댁에 가는 딸들 때문에 우리는 신정에 가족이 다 모여 세배를 하곤 했는데 아빠는 1월 1일이 되면 아침 일찍 나를 깨우셨다. 그리고 당신이 직접 걸레를 짜서 들고 다니시며 집안 구석구석의 먼지를 닦아내셨다. 낡은 창틀은 닦아보았자 깨끗해 보이지도 않았고, 무엇보다 겨울날의 집안은 너무나 추웠다. 난방을 세게 틀어놓았지만, 바닥만 미지근할 뿐 낡은 집은 사방에서 찬바람이 새어들었다. 아빠는 창틀과 책장, 작은 마루의 낡은 가구들과 바닥까지 먼지를 닦고 내게도 닦게 하시면서 모처럼 친정을 찾을 딸들과 사위들을 위해 집안의 궁기를 조금이라도 없애려고 애를 쓰셨다. 그런다고 달라질 게 무어란 말인가. 새해가 되어도 친정의 살림은 펴질 일이 없을 거라고 생각하며 아빠를 원망했다.

아빠는 집안을 치워놓고 정성스럽게 한복을 입으시고 딸들과 사위를 기다리셨다. 자식들의 세배를 받고, 덕담을 건네고, 엄마와 나란히 앉아 사진을 찍으셨다. 몇 번이나 간을 보고 데운 음식들로 점심을 먹고 딸들과 사위들, 손자들이 떠나면 집안을 채우던 따뜻한 기운은 사라졌고, 나는 피곤하고 우울해지곤 했다. 아빠는 다시 텔레비전 앞에 앉으셨고, 나는 딱히 약속도 없으면서 오후에는 집을 나오곤 했다. 그 시절엔 늘 집을 벗어나고 싶었다. 사랑하고 싶었고, 사랑받고 싶었다. 시집간 언니들이 부러웠다. 나도 가정이 있고 남편이 있고 아이들이 있어서 새해 첫날 언니들처럼 예쁘게 꾸미고 친정에 들어서고 싶었다.

어느덧 새해에 나는 마흔을 맞이하게 되었다. 세상에 마흔이라니, 40년이나 살았다니…. 따뜻한 가정이 있고 예쁜 두 아이와 또 태어날 셋째 아이를 품고 있는 나는 그 시절에 바라던 모든 것을 벌써 다 이루어버렸다. 그리고 새해가 되면 아이들에게 예쁜 옷을 입히고 선물 상자를 들고 친정집 문을 들어선다. 몇 해 전에 말끔히 수리한 집은 예전처럼 어둡지도 춥지도 궁기가 가득하지도 않다. 모든 것이 그 시절보다 나아졌다. 막내딸까지 출가해서 떠난 집에서 두 분은 새해 첫날 일찍 일어나 자식들을 맞이할 채비를 하실 것이다. 엄마는 요리를 하고, 아빠는 변함없이 걸레를 들고 먼지를 닦아내실 것이다.

이 나이쯤 들고보니 새해 아침 일찍 일어나 온 집안의 먼지를 직접 닦아내시던 아빠의 마음을 알 것만 같다. 먼지를 닦는다고 살림이 나아지는 것도 아니고, 누추하고 옹색한 집안이 환해지는 것은 아니지만 그러나 새해가 밝았으니 다시 일상의 먼지를 정성스럽게 닦고, 그 누추한 일상에 새로운 해의 빛을 들이고 싶으셨던 게 아니었을까. 내게는 귀찮고 소용없는 일이었지만 당신에게는 한 해를 시작하는 의미 있는 의식이 아니었을까.

동해에서 일출을 보는 것보다, 보신각의 종소리를 직접 듣는 것보다 더 소중한 것은 나만의 의식을 가지고 그 일에 정성을 들이는 일일 것이다. 그것이 온 집안에 불을 밝혔다 끄는 일이든, 아침 일찍 일어나 묵은해의 먼지를 닦는 일이든 상관없다. 그 일을 통해서 마음을 밝히고, 닦고, 새로운 해를 소중하게 다시 맞이할 수 있다면 충분히 귀하고 의미 있는 일이다.

몇 해 전부터 나도 나만의 의식을 치르며 한 해의 마지막 날을 보내고 있다. 별건 아니다. 12월 31일 밤 열두 시가 되면 나만의 일기장에 새해 이루고 싶은 소망들을 적는다. 그리고 향을 하나 밝혀서 온 집안을 돌아다니며 이 공간에 좋은 기운이 들게 해 달라고 기도하고 허리를 깊이 숙인다. 한 해를 무사하게 보내게 해준 감사의 말도 잊지 않는다. 하느님이나 부처님을 향해서가 아니라 그저 온 우주에 깃들어 있을 귀하고 진실되고 소중한 무엇을 향해서다.

남편은 대개 일찌감치 잠들어 있지만 몇 해 전부터 필규는 나와 그 순간을 함께하고 있다. 엄마를 따라 소원도 말해보고 향불 앞에 고개도 숙이면서 즐거워한다. 필규에게는 그저 엄마와 함께하는 별스런 일이겠지만 내게는 무척이나 소중하고 귀한 의식이다.

안방에 들어가서는, 이 방에서 셋째를 건강하게 잘 낳게 해 달라고, 우리 가족이 편안하고 따스한 시간을 보내게 해 달라고 빌 것이고, 필규 방에서는 새해 처음으로 학생이 되는 아이가 즐겁고 행복하게 생활하게 해 달라고 빌 것이다. 주방에서는 온 가족의 건강을 이루어내는 좋은 음식을 만드는 곳이 되게 해 달라고, 그 일에 늘 정성을 기울이게 해 달라고 허리를 숙일 것이다. 그리고 현관에서는 이곳을 통해 좋은 소식과 좋은 인연들, 좋은 일들이 많이 들어오게 해 달라고 기원하리라. 그렇게 온 집안의 모든 공간을 돌아다니며 소원을 말하고 고마움을 전하며 기도할 것이다. 그리고 잠자리에 드는 것이다.

물리적으로야 12월 31일과 1월 1일의 차이는 아무것도 없다. 그러나 그 시간에 어떤 의미를 두느냐에 따라 일상은 특별해지고 소중해진다. 어떤 것이라도 좋다. 나만의, 우리 가족만의 소박한 의식으로 한 해를 보내고 새해를 맞자. 아이들은 장난처럼 시작할지도 모르지만, 해를 거듭하다보면 그 의식에 깃든 엄마의 마음을 이해할 것이다.

네 번째 이야기

엄마라서
다행이다

아이는 세상의 비밀을 다시 보여주려고 우리에게 온다

엄마! 이룸이가
지금 뱃속에서 나오고 있어요
...

내가 병원 출산을 거부하고
집에서 아이 낳는 일을 선택한 것은
아이 스스로의 힘으로 태어나는 일의 가치를
무엇보다 소중하게 여겼기 때문이다.

이룸이를 만났다. 내 나이 꼭 마흔이 되는 1월의 마지막 날, 오래 기다렸던 이룸이는 한밤중에 내 몸을 열고 세상에 나왔다. 나는 또 한 번 엄마가 되었다. 세 번째 아이. 예정일은 2월 4일이었다. 태아의 위치가 좋지 않았고 머리 둘레가 많이 크다는 내진 결과가 있어서 예정일을 넘기지 않고 나오기를 기다리고 있었다. 그러나 신호는 좀처럼 오지 않았다.

1월 29일, 조산원 원장님이 집으로 오셔서 내진을 하셨을 때 "일요일 밤에 나오면 딱 좋겠다고 이룸이에게 얘기하고 있어요." 하고 말씀드렸다. 원장님도 토요일까지는 일이 많으니 일요일에 이룸이가 나오면 정말 좋겠다고 하셨다. 일요일 저녁에 나오면 온 가족이 다 있고, 남편은 자연스럽게 월요일부터 출산 휴가를 쓸 수 있다. 그래서 이룸이에게 자세를 잘 잡아서 일요일 밤에 만나자고 이야기하고 또 이야기했다.

일요일엔 곧 입학을 앞둔 필규의 공부방을 꾸며주기 위해 서재와 놀이방의 가구를 바꾸는 큰일을 해치우느라 종일 바쁘고 고단하게 보냈다. 무거운 가구는 남편이 옮겼지만 방을 닦고 책을 나르고 물건을 정리하느라 꼬박 몸을 구부리고 움직였다. 간간히 배가 아팠지만 많이 움직여서 그러려니 했다. 저녁을 차려 먹고 다시 방걸레질을 하는데 참을 수 없을 만큼 배가 아파왔다. 안방으로 들어가 엎드린 자세로 방을 기어 다니며 통증을 참고 있는데 갑자기 다리 사이로 뜨거운 무엇이 줄줄 흘러내렸다. 양수가 터진 걸까 했더니 바지 사이로 붉은 피가 흘러나왔다.

깜짝 놀라 원장님께 전화를 드렸더니 자궁경부가 열린 것이라면서 근처의 모세혈관이 같이 터지면서 하혈을 하는 것이니 무서워하지 말고 침착하게 패드를 대고 기다리라고 하셨다. 그때가 저녁 여덟 시였다. 바닥에 흥건한 피를 행여 아이들이 볼세라 남편을 시켜 닦게 하고 나도 몸을 씻고 늦은 낮잠을 자는 윤정이 옆에서 밀려오는 통증을 견디며 원장님을 기다렸다. 원장님은 40분만에 도착하셨다. 친정엄마가 출발하셨다는 연락도 왔다. 이젠 안심이다.

진통은 빠르게 진행되었다. 아마도 온종일 몸을 쓰고 계속 움직이는 동안 나도 모르는 사이에 가진통을 겪었던 모양이다. '진통'이란 참 말하기 쉽지 않은 주제다. 세 번을 겪어도, 아니 수십 번을 겪는다 해도 결코 덜해지지 않는, 오히려 겪을수록 더 생생하게 살아나는 엄청난 고통을 어떻게 말해야 할까. 더구나 이룸이는 마치 필규 때처럼, 아니 그때보다도 더 빠른 속도로 내 몸을 열기 시작했다.

첫 번째 강렬한 진통이 시작되었을 때 나는 '아, 이거였구나.' 깨달았다. 7년 전에 그리고 3년 전에 내 몸이 겪어냈던 고통이 이거였구나, 몸이 기억해낸 것이다. 뜨거운 불덩이가 몸을 뚫고 지나가면 이런 느낌일까. 할 수 있다면 피하고 싶다. 아프다는 말로는 다 표현할 수 없다. 세 번째지만 무서웠다. 한 번의 진통을 견뎌내면 다시 마음을 추스를 사이도 없이 다음 진통이 더 강하게 밀려온다. 몸이 부서져 나갈 것 같다. 진통을 겪을 때마다 생각한다. 엄마가 되기 위해 이렇게 커다란 고통을 몸과 의식이 생생하게 겪어야 하는 이유가 무엇인지를.

첫아이를 낳을 때 나는 진통에는 자신이 있었다. 풀코스를 완주한 마라토너였기에 내 체력과 정신력이 충분히 진통을 이해하고 견뎌낼 수 있으리라 믿었다. 그러나 첫 번째 진통이 찾아온 순간 그 믿음이 얼마나 쉽게 흔들리는지 경험했다. 병원이었다면 제발 어서 수술해 달라고 사정했을 것이다. 진통이란 의식과 믿음의 경계를 아주 가볍게 넘어버리는, 결코 예상할 수도 짐작할 수도 없는 저 너머의 것이었다. 그러나 극한의 고통을 통해 필규를 품에 안았을 때, 한 생명을 낳기 위해 의식과 육체의 한계를 생생한 정신으로 목숨의 가장 가장자리까지 닿게 했던 그 이유를 알 수 있었다. 이 아이를 위해서는 나는 세상에서 가장 강한 사람이 될 수 있다는 것을 알았다. 어떤 이유로도 결코 이 생명을 포기하지 않을 거라는 것을, 이 생명을 위해서는 어떤 일이라도 견딜 수 있으리라는 것을 알았다. 깨달음도, 생각을 거듭해 도달한 결론도 아니고, 그냥 그렇구나 알아졌다. 그 순간 몸으로 체득한 강렬한 앎이 내 존재를 완전히 다르게 바꾸어버렸다. 나는 이제 한 생명의 '어미'가 된 것이다.

진통을 하는 동안 필규는 손을 잡아주고 "엄마, 기운 내세요." 하며 내 눈을 바라봐주었다. 윤정이는 처음엔 걱정스러운 표정으로 "엄마, 울어요? 많이 아파요?" 했다. "이룸이가 나오느라 아픈 거야. 아기가 나올 때는 이렇게 아픈 거야. 금방 끝날 거야. 엄마, 괜찮아." 가까스로 설명했더니 윤정이는 바로 밝은 표정을 되찾았다. 그리고 방안을 돌아다니며 궁금한 것을 묻기 시작했다.

이룸이는 내 고통과 상관없이 제 생명의 길을 쉼 없이 밀며 나왔다. 회음부가 최대한 열리는 극한에 이르자 어쩔 수 없이 터져 나오던 비명을 원장님이 멈추게 하셨다. "이제부터는 절대 몸에 힘을 주지 말고 아이 혼자 밀고 나오게 해야 해. 소리 지르지 말고 '하아 하아' 해봅시다."

비명을 억누르며 바튼 숨을 하아 하아 내쉬었다. 밖으로 발산하려는 힘을 안으로 모으는 소리였다. 세상에서 가장 뜨거운 무엇인가가 내 몸의 문을 있는 힘껏 열고 나오려는 것을 느낄 수 있었다. 나중에 동영상을 보니 이룸이 머리가 나오고 있을 때 원장님은 손대지 않고 그냥 지켜보고 계셨다. 이룸이는 오로지 스스로의 힘으로 내 몸을 열고 나왔다. 이룸이가 나올 때 어떤 인공적인 힘도 가해지지 않았다.

"필규야, 윤정아. 이룸이 머리가 나온다." 남편의 목소리가 들렸다. "이룸이 머리에 피가 묻었네?" 이런 분위기 속에서도 명랑한 윤정이 목소리도 들렸다. "엄마, 이룸이 머리가 나왔어요. 이젠 어깨가 나온대요." 필규의 말이 끝나기 무섭게 엄청난 고통과 더불어 뜨거운 무엇인가 내 몸을 쑤욱 빠져나오는 것이 느껴졌다. "다 나왔다. 수고했어요." 원장님이 이룸이를 안아 가슴 위에 올려주셨다. 그제서야 무력한 울음이 터져 나왔다. 많은 양의 태지로 싸여 있는 건강한 아이였다. 이룸이는 버둥거리다가 이내 고요해졌다. 축축한 머리칼, 작은 손 그리고 얼굴. 너무나 보고 싶었던 아기, 이룸이었다. 방안은 활기가 넘치기 시작했다.

"이룸이가 왜 얼굴을 찡그리지? 이룸이 배꼽이 이상해요."

종알거리는 윤정이가 제일 신이 났다. 필규는 윤정이 낳을 때와는 달리 쉽게 이룸이에게 다가오지 못했다. 탯줄을 만져보라고 해도 손대지 않았다. 탯줄을 자를 때에도 "이번엔 아빠 혼자 하세요." 하며 마다했다. 나중에 물어보니 조금 무서웠다고 했다. 그렇지만 이룸이가 나와서 너무 좋다고 했다. 다섯 살 때 지켜본 출산 장면은 거의 기억하지 못했다. 그땐 어렸고, 제 앞에서 일어나는 일의 의미를 제대로 이해할 수 없었던 필규는 여덟 살인 이번에 지켜본 엄마의 출산이 조금은 무서웠고 낯설었던 모양이다. 그렇지만 아빠가 탯줄을 자르고 나자 제일

윤정이는 내 비명이나, 엄마 몸에서 나오는 피라든가 낯선 처리 장면 등에서
아무런 공포를 느끼지 않는 듯했다.

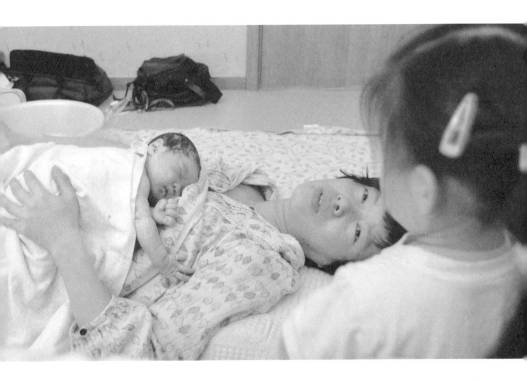

가정 분만은 쉬운 선택은 아니다. 고려해야 할 사항도 많다. 산모가 충분히 건강하고, 많은 것들이 준비되어
있어야 하고 태아의 상태도 양호해야 한다. 그러나 크게 어려운 일도 아니다. 조금만 공부하고, 미리 준비하
고, 몸을 관리하면 선택할 수 있다. 그 선택에서 경험하고 얻는 것들은 말로 다 표현할 수 없을 만큼 크다.

먼저 다가와 동생을 살펴보고 만져보았다. 출산 과정보다 이룸이 자체에 필규의 관심은 집중되어 있었다.

윤정이는 내 비명이나 엄마 몸에서 나오는 피라든가 낯선 처리 장면에서 아무런 공포를 느끼지 않는 듯했다. 다만 궁금하고 신기해서 연신 물어보고 혼자 중얼거렸다. "이룸이가 왜 눈을 뜨지 않지? 이룸이 머리가 축축하네?" 하며 내 곁을 맴돌았다. "윤정아, 이룸이가 나왔네? 동생 보니까 어때?" 물어보았더니 "이룸이가 이상해요." 하며 배시시 웃었다. 필규는 태지로 둘러싸인 동생이 예쁘다고 했다. 빨리 안아보고 싶다고 했다. 남편이 탯줄을 자르고 이룸이는 첫 목욕을 했다. 태반이 더디게 나와서 힘들었지만, 다행히 큰 위험은 없었다. 원장님은 내 몸에서 빠져나온 태반을 보여주셨다. 목욕을 마친 이룸이가 내 가슴에 엎드려 첫 젖을 물었다. 이룸이는 세차고 힘차게 젖을 빨았다.

출산의 고통은 지나갔다. 자궁경부가 열리고 1시간 23분 만에 이룸이를 만났다. 급격하게 진행된 출산이었다. 출혈도 많았고 고통도 컸지만 모든 과정을 견뎌내고 이룸이를 품에 안았을 때의 기쁨으로 나는 모든 것을 잊을 수 있었다. 집안은 새로 태어난 생명으로 전에 없던 활기가 돌고, 아이들은 태어나는 순간을 지켜본 동생에 대한 관심으로 동생 곁을 떠나지 않는다. 끝까지 자세가 완전하지 않았던 이룸이는 나중에 확인해보니 완전한 자세로 나와주었다. 그 사실을 확인하면서 새삼 감동했다. 무엇보다도 남편과 내가 일요일 저녁에 나와 달라고 부탁했던 것을 완벽하게 들어주었다는 것이 감격스러웠다.

가정 분만은 쉬운 선택은 아니다. 고려해야 할 사항도 많다. 산모가 충분히 건강하고, 많은 것들이 준비되어 있어야 하고 태아의 상태도 양호해야 한다. 그러나 크게 어려운 일도 아니다. 조금만 공부하고, 미리 준비하고, 몸을 관리하면 선택할 수 있다. 그 선택에서 경험하고 얻는 것들은 말로 다 표현할 수 없을 만큼 크다.

자연이 어미에게 '진통'이라는 선물을 예비해주었다면, 태어나는 생명에게는 스스로 삶을 향해 어미의 문을 열고 나오는 어마어마한 힘을 준비해주었다. 내가 병원 출산을 거부하고 집에서 아이 낳는 일을 선택한 것은 온전하게 겪는 진통의 의미와 인공적인 개입 없이 아이 스스로의 힘으로 태어나는 일의 가치를 무엇보다 소중하게 여겼기 때문이다.

다시 젖 물리고, 기저귀를 빨고, 내게 모든 것을 의지하는 어린 것을 하루에도 수없이 품에 안아가며 돌보아야 하는 엄마의 날들이 시작되었다. 이 일의 가치를 잊지 않고, 이 일을 할 수 있도록 다시 나를 엄마로 만들어준 삶을 고맙게 생각하며 하루하루 최선을 다할 것이다.

내 삶은 이제 온전한 균형을 이루게 되었다.

아이 낳고 일주일,
진짜 엄마가 되는 시간들

...

아이를 낳았다고 엄마가 되는 것은 아니다.
아이를 낳고, 그 아이의 첫날들을 함께 겪어가면서
비로소 엄마가 된다.

이룸이를 낳고 꼭 일주일이 지났다. 그 일주일이 얼마나 길고 힘들었
는지. 이룸이를 낳았을 때 출혈이 심해서 고생을 많이 했다. 그날 밤은
화장실도 서서 가지 말고 기어가라고 일러주실 정도였다. 절대 안정을
해야 하는 상황이었지만 그 밤에 나는 거의 잠을 자지 못했다. 이룸이
가 많이 보챘기 때문이다. 내내 아이를 안지는 않았지만 한 방울씩 나
오는 젖이라도 계속 물려보고 이룸이를 살피느라 잘 수가 없었다.

둘째 날은 더 심했다. 이룸이는 밤새 마치 바늘에 찔린 것처럼 자지
러지게 울었다. 숨이 넘어갈 듯이 울고 또 울었다. 친정엄마가 두어 시
간을 안고 서성이고, 내가 두어 시간을 안고 서성이며 밤을 지샜다. 너
무 우니까 겁도 나고 무서웠다. 어디가 아픈 걸까, 배가 고픈 걸까, 뭐

가 불편한 걸까, 쉼 없이 살피면서 앉았다 일어섰다를 반복했다. 이룸이는 밤새 울다가 아침에서야 진정이 되어 나는 간신히 옆에서 잠을 청했다. 그런데 한숨 자고 일어서려고 했더니 몸 반쪽이 말을 듣지 않는 것이었다. 왼쪽으로 칼로 저미는 것처럼 통증이 왔다. 움직이기는커녕 숨조차 크게 쉬어지지 않았다. 겁이 더럭 났다. 몸이 왜 이러지? 친정엄마는 놀라서 안절부절 못하셨다. 가까스로 몸을 일으켜 집에 있는 민간요법 책을 뒤졌다. '늑간 신경통'. 담이 온 것 같았다.

3일간의 출산 휴가를 마치고 남편도 출근해 있는 상태에서 당장 한의원에 갈 수도 없고, 세 아이는 내게 매달려 있었다. 용인에 있는 쌍둥이 자매를 불렀다. 언니는 출근해 있다가 내 전화를 받고 한달음에 달려와주었다. 뜸 뜨는 책을 뒤져 늑간 신경통에 해당하는 자리 수십 곳에 뜸을 떴다. 그리고 이불을 뒤집어쓰고 죽은 듯 한숨 자고 일어났더니 한결 통증이 가셨다. 반나절 동안 지옥과 천국을 오간 기분이었다.

남편은 반일 근무만 하고 달려왔다. 아이 낳은 그 밤부터 내 몸은 너무 무리하고 있었다. 아이도 아이지만 내 몸도 휴식과 보살핌이 필요하다고 아우성을 친 것이다. 잠이 너무 부족하고 피를 계속 흘리고 있는 상태에서 밤이나 낮이나 아이에게 젖을 물리다보니 도무지 쉴 겨를이 없었다. 낮에 자고 싶어도 엄마의 상황을 제대로 이해하지 못하는 두 아이들은 나와 이룸이가 누워 있는 방에 들어와 널을 뛰듯 놀았다. 두 아이들을 거두어줄 사람도 없었고 친정엄마는 나 대신 살림을 하고

있으니 아이들 돌볼 여력이 없었던 것이다.

　그날 밤에 조산원 원장님이 내 상황을 듣고 달려오셨다. 혈압도 체크하고 몸 상태도 살펴주시면서, 전화 받고 걱정 많이 했는데 생각한 것보다 컨디션이 좋아 보여 다행이라고 말씀하셨다. 그나마 그동안 몸을 관리해온 덕이라고 생각했다. 내 몸은 나보다 더 강인한 모양이다.

　꼬박 이틀이 지나고 젖이 돌았다. 젖을 충분히 먹기 시작하자 이룸이는 빠르게 진정되었다. 셋째 밤은 자지러지게 보채는 일 없이 지나갔고 그다음 밤은 젖 먹고 기저귀 적시며 지나갔다. 그리고 다음날은 한밤중에 딱 세 번만 일어나 젖 먹고 기저귀를 갈았다. 연이어 두 시간 이상 자게 되니 내 몸도 많이 좋아졌다. 낮밤이 바뀐 걸까 염려했는데, 그것도 젖 돌고 나서 그럭저럭 제 리듬을 찾아갔다. 다행이었다.

아이를 낳았다고 엄마가 되는 것은 아니다. 아이를 낳고, 그 아이의 첫날들을 함께 겪어가면서 비로소 엄마가 된다. 아이와 함께 밤을 새고, 울고 보채는 아이를 안고 서성이고 어르고, 같이 울고 싶어지는 절박한 심정이 되어 아이를 바라보면서 그러다 얼핏 스치는 아이의 배냇짓에 그간의 힘겨움을 스르르 녹여내고 다시 안을 수 있는 힘을 얻으며 엄마가 되는 것이다.

지난 일주일 동안 나는 또 한 번 엄마가 되는 시간을 겪었다. 밤새 자지러지게 우는 핏덩이 앞에서 이미 두 아이를 키운 나도 다시 무력해지고 막막해졌다. 새삼 겁이 나고, 이 아이를 키우는 일이 두려워지고, 자신 없어지고, 너무 힘들까봐 무서워졌다. 그리고 새 날이 오고 내 옆에 그림처럼 잠들어 있는 아이를 보면 다시 힘이 났다. 새롭게 나를 추스르고 젖을 물리고 기저귀를 갈고 아이를 안았다.

가장 힘든 일주일을 온몸과 정신으로 감당하며 보냈다. 그리고 가장 중요한 고비들을 이룸이와 같이 넘었다. 이젠 이룸이 배꼽도 떨어졌고, 내 몸은 다시 왕성하게 젖을 만들어내고 있다. 그 사이에 나는 이룸이가 배가 고파 엄마를 찾는 것인지 기저귀가 젖어 엄마를 부르는 것인지 알 수 있게 되었다.

이룸이는 벌써 내가 젖을 주는 사람이라는 것을 안다. 내가 다가가 이름을 부르면 입을 제비처럼 벌리며 어디서 젖이 들어올지 기대하는 표정으로 고개를 이리저리 돌린다. 젖을 먹다 잠이 들면 만족한 듯한 가느다란 한숨이 새어나오며 입꼬리도 살짝 웃는 것처럼 올라간다. 말할 수 없이 사랑스럽다.

아이에 대한 정은 아이를 낳았다고 당연하게 생기는 것이 아니다. 그 아이와 가장 힘든 시간을 겪어내면서 정은 퍼올려진다. 마중물 한 바가지가 있어야 펌프에서도 시원한 물이 펑펑 쏟아지는 것처럼 젖 돌기까지 가장 힘든 시간 동안 엄마가 마중물이 되어야 한다. 아이에게 온전한 시간과 관심과 손길을 기울여야 엄마와 아이 사이에 깊은 정이 샘솟는 것이다. 이룸이를 낳고 일주일간 이룸이를 겪으며 지내는 동안 나와 이룸이 사이엔 누구도 뗄 수 없는 깊은 정이 생겼다. 내가 죽을 때까지 결코 마르지 않을 한없이 깊고 또 깊은 정이다.

나는 이제 비로소 이룸이의 엄마가 되었다.

엄마는 아이들의 달,
그러니까 기운 내자
...

세상의 모든 자식들은
늘 그 자리에서 변함없이 지켜주고 바라봐주는 엄마가 있어
세상 어두운 곳에서도 길을 잃지 않고 제자리로 돌아온다.

남편이 경남 하동으로 출장을 간 날, 계절은 갑자기 겨울로 돌아갔다. 큰아이 학교 참관 수업이 있어 친정엄마까지 오시게 해서 참석을 했는데 윤정이가 열이 나기 시작했다. 이룸이는 젖 먹여 재워서 친정엄마에게 맡기고, 아픈 윤정이 안고 참관수업에 들어갔다 나왔더니 겨울보다 더한 찬바람이 불고 있었다.

며칠 전부터 기침과 열이 심했던 필규와 갑자기 몸이 뜨거워진 윤정이를 데리고 병원에 들렀다 집에 왔더니 윤정이는 그 길로 끙끙 앓기 시작한다. 바쁜 친정엄마는 총총히 돌아가셨는데, 열이 펄펄 나는 윤정이는 내게 안아 달라고 울면서 매달리고 내내 유모차에서 불편하게 잤던 이룸이는 내 품에 안겨서 떨어지려고 하지 않고, 필규는 기침을 하다 먹은 것을 다 토해놓는다.

이럴 땐 나도 울고 싶다. 간신히 필규 저녁을 먹이고 약도 먹이고, 안방에 들어와 졸려서 보채는 이룸이 끼고 누워서 젖을 물렸는데, 윤정이는 내 등 뒤로 뜨거운 몸을 기대어오면서 엉엉 운다. 나는 한 손으로 윤정이의 손을 끌어다 잡고서 달랜다. 윤정이는 내 손 하나 잡은 것으로 간신히 터져 나오던 울음을 훌쩍거리는 울음으로 바꾼다.

침대 아래서 나를 보면서 누워 있던 필규도 "엄마, 나도 안아주세요." 한다.

"안아줄게, 안아줄게. 이룸이 재우고 나서 안아 줄게. 윤정이도 안아 주고, 너도 안아줄게. 조금만, 조금만 기다려줘."

나는 세 아이 가운데 누워서 이 아이 달래다, 저 아이 달래다 맘속으로 나도 달랜다. 기운 내라고… 기운 내라고…. 윤정이 열은 39도가 넘어간다. 윤정이에게 물어보지도 않고 귀 끝을 접어 이첨혈에 사혈침으로 찔렀다. 윤정이는 자지러졌다. 그러나 열은 서서히 내렸다. 이룸이는 잠깐씩만 제외하고 내내 내 품에 안겨 있었다. 잠깐만 내려놓아도 울어서 맘을 놓을 수가 없다.

아이들은 엄마가 태풍에도 끄떡없는 커다란 나무인 줄 안다. 그래서 있는 힘껏 기대오고 부딪혀온다. 아프다고, 불편하다고, 힘들고 어렵다고 엄마인 내게 의지하고 기대한다. 다 받아 달라고, 다 받아줄 거라고 믿으면서. 사실은 엄마인 나도 기댈 단단한 벽 하나 찾아서 이리저리 손을 뻗고 있는 연약한 담쟁이잎에 불과한데, 나 역시 맘속으로 늘 내 엄마에게 기대 있는 여린 나무일 뿐인데, 아이들은 모른다. 엄마는 늘 강한 줄 안다. 그 커다란 기대를 보고 있노라면 이따금 '엄마'라는 자리가 한없이 막막해진다. 이마와 배를 만져 달라고 매달리는 윤정이와, 한사코 저를 안으라고 보채는 이룸이와, 내 발 밑에 와서 기침하며 누워 있는 필규를 보면서 나를 셋으로 만들어 한 아이에게 엄마 하나씩 안겨주고 싶은 마음이 간절해진다. 누구도 덜하지 않고 엄마의 손길과 위로, 보살핌과 품이 필요한 순간 동동거리며 애를 써도 세 아이 모두 허기지고 모자라게 챙겨줄 수밖에 없을 때 얼마나 맘이 아픈지….

순이가 달아나면 기인 담장 위로 달님이 따라오고

분이가 달아나면 기인 담장 밑으로 달님이 따라가고

하늘에 달이야 하나인데…

순이는 달님을 데리고 집으로 가고

분이도 달님을 데리고 집으로 가고

어린 시절 읽었던 시 속에서 아이들은 저마다 달님을 데리고 집으로 간다. 꼭 나만 따라오는 것 같던 달님. 엄마는 그런 달이 되어야 한다. 이 아이에게도 저 아이에게도 한없이 부드럽게 늘 그 자리에서 품어주고 기다려주는 달. 순이도 분이도 저만의 달님과 함께 집으로 돌아갔듯, 필규도 윤정이도 이룸이도 저만의 엄마를 품고 자랄 수 있도록 엄마인 나는 더 넓어지고 더 깊어지고 더 환해져야 한다.

세상의 모든 자식들은 달처럼 '엄마'를 제 뒤에 드리우고 산다. 평소엔 잘 모르지만 문득 올려다보면 나를 비춰주고 있는 달빛을 알게 되는 것처럼 늘 그 자리에서 변함없이 지켜주고 바라봐주는 엄마가 있어 세상 어두운 곳에서도 길을 잃지 않고 제자리로 돌아온다. 나도 울 엄마가 비추어주는 변함없는 빛에 지금껏 의지해왔다. 그런 내가 어느새 아이들에게 달이 되어 서툴고 모자란 어미 노릇을 하며 산다.

엄마는 달이다. 언제나 맘 놓고 올려다볼 수 있는 달, 늘 자식의 뒤를 말없이 따르고 지켜주는 달. 그러니까 기운 내자. 오늘 밤 아이들을 더 환하게 비춰주자. 우리 아이들 마음속에 달처럼 하나씩 들어앉아 변함없이 영혼을 밝게 해주는 달이 되자.

아픈 아이를
지켜보기
...

부모가 되면 안다. 아이를 위해서 무엇을 해주기보다,
무엇을 해주고 싶어도 그 마음을 지그시 누르고
그냥 지켜봐주는 일이 몇 배 더 어렵다는 것을.

윤정이가 일어났다. 아픈 지 꼭 일주일이 지났고, 사흘 내내 고열을 견디어낸 윤정이다. 토요일에 40도까지 치솟았던 열이 일요일 낮 동안 씻은 듯이 사라졌다가 밤부터 다시 오르기 시작해서 월요일은 하루 종일 38도 아래로 떨어지지 않았다. 윤정이는 월요일 아침에 잠시 일어나 죽을 조금 먹은 후에 종일, 그야말로 온종일 혼곤하게 잠만 잤다. 깨면 머리맡에 있는 물을 마시고 도라지차를 먹고 다시 이불 위에 누웠다. 몸을 만져보면 어찌나 뜨거운지 손을 대고 있기가 가여울 정도였다. 가끔 울면서 일어나 안아 달라고, 만져 달라고 보챘지만 이룸이가 매달려 있을 때는 어찌할 수가 없었다. 갓난아이를 울리며 잠시 안아주다가 할 수 없이 다시 이룸이를 안으면 윤정이는 눈물만 그렁그렁 달고 애처롭게 나를 불렀다.

처음으로 '이룸이가 없었으면 이런 때 윤정이를 맘 놓고 안아줄 수 있을 텐데….' 하는 생각까지 했다. 아플 때조차 엄마 품에 실컷 안길 수 없는 윤정이가 가여웠고 미안했다. 이따금 윤정이는 가느다란 신음 소리를 냈다. 그럴 때 열을 재보면 39도가 넘어 있었다. 찬 물수건을 이마에 얹는 것도 못하게 해서 옆으로 누운 아이 머리 위에 물수건을 올려가며 찜질을 해주었다. 38도로 내려가면 안심이 되었다.

자연요법으로 아이를 키우며 고열을 견디어낸 엄마들의 사례를 들어

보면 하도 고열이 오래 가니까 38도만 되어도 고맙더라 하던데, 그 심정을 이해할 수 있었다. 38도 언저리만 되어도 뜨겁긴 하지만 위험한 열은 아니다. 윤정이는 39도를 넘었다가 다시 38도로 떨어지기를 종일 반복했다. 뜨거운 몸을 하고 잠들어 있는 윤정이를 보면 온몸으로 아픈 일에 자신을 던져놓고 있는 듯했다. 마치 작은 짐승처럼 웅크리고, 아무것도 먹지 않고 움직이지도 않고, 오로지 아픈 일에만 빠져 있는 모습은 엄마인 나조차 고요한 집중을 깨뜨리지 못하게 하는 무엇인가가 있었다. 그 아이가 반드시 제힘으로 겪어내야 할 일을 혼자 겪어내고 있는 것을 지켜보는 심정이었다.

힘들었다. 소심하고 불안도 많고 아주 작은 징조로도 십 년 앞에 일어날 일까지 미리 당겨서 걱정하는 나로서는 종일 내리지 않는 고열을 지켜보는 일이 너무나 무섭고 어려웠다. 머릿속으로는 오만가지 안 좋은 시나리오들이 펼쳐지고, 열을 동반하는 모든 무서운 병명들이 스쳐갔다. 윤정이를 안고 응급실로 뛰는 모습도 얼마나 많이 상상했던가. 만약 윤정이가 입원하면 이룸이를 데리고 병실이나 제대로 지킬 수 있을까, 일어나지도 않은 일을 생각하며 가슴을 죄었다. 그렇지만 엄마의 두려움 때문에 아이가 겪어야 할 과정을 제거해주지 않으려고 애쓰고 애썼다. 한 시간이 하루처럼 긴 며칠이었다.

부모가 되면 안다. 아이를 위해서 무엇을 해주기보다, 무엇을 해주고 싶어도 그 마음을 지그시 누르고 그냥 지켜봐주는 일이 몇 배 더 어렵다는 것을. 아이가 아플 때 손쉽게 약을 주고, 열 날 때 바로 해열제를 먹이고 싶은 마음과 싸우면서, 앞질러가는 무서운 상상들을 눌러가며 아이 스스로 이겨내도록 기다리는 일이란 정말이지 어려웠다.

윤정이는 이틀을 잠으로 보냈다. 그게 윤정이에게 필요한 일이었을 것이다. 열이 39도가 넘었던 월요일 늦은 밤, 윤정이는 부시시 일어나더니 작은 목소리로 "엄마, 누룽밥 먹을래요." 했다. 밥에 물을 넣고 커터기로 갈아 푹푹 끓여 가져다주었더니, 한 입 먹고 나서 "맛있다…." 하며 희미하게 웃었다. 아픈 아이 입에서 나온 '맛있다'라는 말, 그렇게 예쁘고 고마운 말이 또 있을까. '그래, 그래. 먹고 싶은 의지도 있고, 무엇보다 맛을 알 수 있으니 괜찮겠구나, 우리 윤정이.' 가슴을 쓸어내렸다.

죽 두 숟갈 삼키고 다시 죽은 듯 잠에 빠져들었던 윤정이는 화요일날 아침이 되자 몸이 서늘하게 식어 있었다. 열은 그렇게 지나갔다. 열이 지나갔다고 다 끝난 건 아니다. 윤정이는 화요일에도 음식은 최소한으로 입에 대고 온종일 잤다. 아파서 자는 게 아니라 힘든 일을 해내고 난 뒤에 오는 고단함으로 종일 잤다. 그렇게 자고 일어나 저녁에 반 공기의 밥을 먹고, 웃고 이야기하고 놀았다. 아직 기침도 콧물도 남아있지만 그건 시간이 지나면 사라질 것이다. 제일 힘든 일은 지나갔으므로 비로소 안심이 되었다.

윤정이는 해열제 없이, 병원 약에 의지하지 않고 일주일을 아프고 일어났다. 마지막 이틀은 종일 이불 위에 누워서 잠을 자며 지냈다. 그렇게 일주일을 보내는 동안 윤정이는 나를 그전보다 몇 배는 더 강한 엄마로 만들었다. 앞으로는 적어도 열이 높게 난다고 가슴 철렁할 일은 없을 것이다. 열이 빨리 내리지 않는다고 두려워하거나 조바심내는 대신 아이의 몸이 필요한 일을 하도록 도와주고 지켜볼 것이다.

우리는 흔히 아이들에게 많은 기회를 주어야 한다고 말한다. 그렇지만 가장 중요한 기회 중의 하나는 '충분히 아플 수 있는 기회'다. 그런 기회를 주어야 우리 아이들이 건강해진다. 충분히 실수하고, 충분히 헤매고, 충분히 다시 시도할 수 있는 기회를 주어야 하는 것처럼 충분히 아플 시간을 아이에게 주자. 그리고 기다려주자.

나 역시 첫아이 키울 때는 37도의 미열이 사흘 계속되는 게 겁나 아이를 병원에 입원시켰던 소심한 엄마였다. 그때의 힘들었던 아이의 고생이 마음에 사무쳐 그 뒤로 되도록 병원과 항생제에 의지하지 않고 아이 키우는 법을 찾고, 공부하고 연습하며 이만큼 왔다. 지금은 겨자찜질이나 각탕, 관장 등의 조치를 취하기도 한다. 당신도 할 수 있다. 부모는 아이의 평생 건강을 만들어주는 사람들이다. 지금 빨리 일어나는 것보다 어른이 되었을 때도 평생 건강하게 살아갈 수 있는 몸으로 키워주는 일을 해야 한다고 믿는다.

윤정이가 일어났다. 머리칼은 헝클어지고, 얼굴은 훨씬 수척해졌지만 어린 그 얼굴에서 크고 어려운 일을 해낸 사람에게서 느껴지는 곧고 강한 기운을 느낀다. 대견하다. 자라면서 앞으로도 수없이 아프겠지만 아플 때마다 몸도 마음도 클 것이니 다 의미 있는 일이다. 우린 좋은 일을 오래 같이 겪었다. 참 고마운 시간이었다.

열이 나면 무조건 병원으로 달려가고 해열제를 먹이는 경우가 많다. 그러나 몸은 탈이 나면 본래의 상태를 회복하기 위한 자가치유 과정에 들어간다. 이때 나타나는 것이 통증과 열인데, 사람들은 이 통증과 열을 없애려 병원에 간다. 해열제와 소염진통제는 병의 원인을 낫게 하는 약들이 아니라 병의 증상만을 감추는 약들이고 약의 독성은 그대로 신체 장기에 영향을 미친다.

물론 위험한 열도 있다. 열이 처음부터 고열로 출발하여 조금도 내리지 않거나 계속 오르기만 할 때는 병원을 찾아야 한다. 그렇지만 38~39도 정도에서 오르내린다면 우선 아이를 쉬게 하면서 지켜보는 것이 좋다.

감기, 식체, 염증으로도 열이 나지만 아이들의 경우 급격한 성장 과정에서 성장에 관련된 면역계를 스스로 자극하기 위해서도 열이 난다고 한다. 38도의 열은 인체 면역계가 가장 활발하게 움직이는 온도라고 한다. 이런 열을 며칠 견디게 되면 면역계 전반이 강화된다. 이런 열은 해열제로 다스려서는 안 되고 자연스럽게 지나가도록 두어야 한다. 다음에 아플 때는 훨씬 쉽게 극복할 수 있는 몸이 되어가는 것이다.

제대로 더 공부하고 싶다면 『병원에 의지하지 않고 건강하게 아이 키우는 법』, 『감기에서 백혈병까지의 비밀』, 『나는 현대의학을 믿지 않는다』 같은 책들을 읽어보기를 권한다.

아이들이
나를 자라게 한다
...

너무나 부족한 사람이라서 더 많이 자라고 배우라고
삶은 내게 세 명의 아이들을 주었다.

4개월이 된 이룸이는 요즘 열심히 뒤집는 연습 중이다. 이 무렵의 아기들이 하루하루 보여주는 변화들이란 얼마나 놀라운지. 세 번째 경험하고 있지만 신비감과 감동은 약해지지 않는다. 오히려 더 크게, 더 생생하게 느껴진다. 몸을 옆으로 하고 누워 한 다리를 다른 다리 위로 넘겨놓고 어깨를 마저 뒤집으려고 애쓰는 이룸이를 보고 있으면 성장이란 이렇게 자신도 어쩔 수 없이 밀고 올라오는, 스스로도 막을 수 없는 힘이 아닐까 생각하게 된다.

몸을 뒤집어보려고 애쓰는 일이 너무 힘들어서 낑낑거리고, 마침내는 울 것처럼 칭얼거려도 반듯하게 몸을 돌려주면 다시 한 다리를 다른 쪽 다리 위로 넘기려고 한다. 힘들면서도 멈출 수가 없는 것이다. 그 다음 단계로 나아가려는 제 안의 의지를 애써 따르려고 이룸이는 시도하고 또 시도한다. 생명은 그렇게 날마다 성장한다. 결코 뒤로 가는 법이 없다.

윤정이는 오래 앓고 나서 아직도 기운이 없고 잘 먹지 못한다. 한 번 잠들면 오전까지 깨어나지 못한다. 너무 오래 자면 마음이 철렁해서 자는 윤정이 이마를 습관적으로 짚어보고 숨소리에 귀를 기울여보고 손발을 만져본다. 괜찮긴 하지만 죽은 듯이 잠에 빠져 있는 게 안쓰럽다. 아픈 아이를 지켜본 엄마 마음이 그렇게 된다. 기다려야지. 기다려야지. 오래 아팠으니 천천히 그 시간만큼 회복되어야 하는 게 당연하지만 조급한 엄마는 하루빨리 건강하게 뛰노는 모습을 보고 싶은 마음 간절하다.

몸과 마음이 크는 일이 쉽게만 올 리 없다. 때로는 이렇게 온 힘으로 마주해서 지금까지 쌓아온 모든 것을 동원해 견디어내는 일일 것이다. 때로는 짐승처럼 아픈 일에 골몰해서 그 안에 혼자 놓여 있는 일일 것이다. 마침내 이룸이가 바닥에 닿아 있던 어깨를 마저 들고 제대로 엎드려 눈 앞의 세상을 바라볼 때, 마침내 윤정이가 아픈 것을 이겨내고 저 혼자 일어나 앉아 희미하게 미소지을 때, 그때 아이들은 보이지 않지만 성장의 한 단계를 훌쩍 넘어서 있는 것이다. 한 번 넘어서면 다시 되돌아가지 않는 그 길 위에 서 있는 것이다.

이룸이가 너무 힘들어하는 게 안쓰러워서 자꾸 몸을 뒤집어주면 스스로 터득해야 할 성장의 한 단계는 묻혀버린다. 앓는 게 안타까워서 손쉽게 약 먹이고 열을 제거해버리면 윤정이의 몸은 스스로의 힘으로 병을 이겨내는 법을 터득하지 못한다. 어른의 눈에는 너무 더디게 보여도 성장에 필요한 저마다의 시간을 기다려줘야 한다. 그 시간을 지켜보는 동안 어른도 같이 자란다. 어른이란 존재도 '성장'이 멈춘 존재가 아니라 죽을 때까지 새로 배우고 터득하고 커갈 수 있다.

아이들을 키우면서 나도 많이 자랐다. 생각도 궁리도 요령도, 아이를 낳기 전보다 한참 자라났다. 지금도 자라고 있다. 부모가 아이들을 키우지만, 아이들도 부모를 키워준다. 부모와 아이는 같이 성장하는 존재

들이다. 이룸이를 보면서, 윤정이를 보면서 내 마음의 키가 조금씩 자라는 것을 본다. 소심하고 겁 많던 내가 더디게라도 강해지고, 조급하고 안달하던 마음이 서서히 느긋해지는 것도 아이들이 준 '성장'이다. 너무나 부족한 사람이라서 더 많이 자라고 배우라고 삶은 내게 세 명의 아이들을 주었다. 세 명의 스승을 통해 배우고 깨우친 것을 세상과 나누라고 글도 쓰게 한다.

삶은 언제나 앞으로 나아간다. 뒤로 가거나, 제자리에서 도무지 한 걸음도 나아가지 못하는 것처럼 느껴지는 순간이라면 그땐 보이지 않는 것들이 자라는 시간이다.

세 아이와 나는 날마다 성장하고 있다.

친정아빠와 딸

...

이젠 내가 아빠의 하늘이고, 나무고, 세상이다.
내 그늘 아래 이따금 머무시고 더 많이 기대시면 좋겠다.

친정아빠가 다녀가셨다. 물론 엄마와 함께 왔다가셨다. 친정아빠는 엄마 없이 절대 딸네에 혼자 못 오신다. 어른이 된 딸들이 어색하고, 시간을 어떻게 보내야 할지 모르시는 눈치다. 자상하고 유머도 있고 학식도 풍부한 분이지만 늘 엄마와 같이 있어야 할아버지 노릇도 하시고 딸들과 이야기도 된다. 엄마야 같이 살림하는 주부니까 애들 이야기에 수다도 떨고 김치도 같이 담그고 애들도 같이 보며 긴 시간을 자연스럽게 같이 보낼 수 있지만, 아빠는 정해진 용건이 없으면 서너 시간 계시는 것도 불편해하신다.

이번에는 분명한 볼일이 있었다. 얼마 전에 외국으로 여행을 다녀오셨는데 여행 중에 십 년 전부터 쓰시던 아빠의 선글라스 알 하나가 빠져 못쓰게 되었다는 이야기를 엄마에게 들었다. 그래서 아빠의 선글라스를 사드리기로 해서 우리집에 다녀가시게 되었다.

딸은 아빠 것보다 열 배는 더 비싼 선글라스를 걸치고 다니면서 늙으신 아빠가 어떤 선글라스를 쓰시는지도 몰랐다. 아빠는 당신이 쓰는 소소한 물건에 대해서는 여간해서 자식에게 말씀하지 못하신다. 칠백여만 원 가까이 들었던 이번 여행도 아빠가 작년 일 년 동안 아껴 모으신 돈으로 다녀오셔서 한 푼도 도와드리지도 못한 게 맘에 걸렸던 참이었다. 그런데 우리 집 세 아이 선물 값으로 이십만 원도 넘게 쓰셨다는 것을 알고는 더 송구스러워 선글라스는 내가 사드려야겠다 마음 먹고 모셨던 참이다.

아빠는 오시는 길에 원고 세 부를 들고 오셨다. 아마추어 수필가로 활동하시는 아빠는 알뜰하게 돈을 모아 여행을 다녀오시면 꼭 기행문을 써서 수필잡지에 기고하신다. 종이에 볼펜으로 적은 원고를 컴퓨터에 입력하는 일을 아빠는 딸들 중에 유일하게 집에서 살림을 하는 내게 부탁하시곤 했다.

A4 여섯 장 분량의 원고를 치는 게 뭐 대수인가 하겠지만, 볼펜으로 적은 글을 알아보기도 어려울 뿐더러, 아빠는 글에 어려운 한자성어를 워낙 많이 쓰시는 분이라 일일이 사전에서 찾아가며 입력해야 하고, 문단 바꾸고 토씨 하나 붙이는 것도 정확해야 하기 때문에 여간 신경 쓰이는 게 아니다. 게다가 이룸이 낮잠을 재울 무렵에 찾아오신 탓에 타이핑 하는 내내 이룸이가 칭얼거리며 보채는 것도 맘을 불편하게 했다. 타이핑 진도는 더디고 애는 자꾸 보채는데 아빠는 내 옆에 바짝 앉으셔서 오타를 살피는 일에만 열중하고 계신다. 부모님 오시면 일찌감치 모시고 나가 선글라스도 사고 맛있는 점심도 먹을 요량으로 아침도 대강 먹은 나는 배마저 고파 죽을 맛이었다.

그렇지만 아빠에게는 이 일을 부탁할 수 있는 딸이 나뿐인 것을 안다. 나라도 직장이 없으니 다행이지, 안 그러면 아빠는 누구에게 이런 부탁을 하셨을까. 나는 결혼하기 전부터 아빠의 글을 읽고 맞춤법을 확인하고 살펴드렸다. 지금 내가 이런 글이나마 쓰고 있는 것도 아빠가 물려주신 선물임을 안다. 어쩌다 하는 이런 일을 힘드네 어쩌네 불평할 수는 없다. 언젠가는 이런 순간도 그리워질 날이 오고, 그때는 아빠가 남기신 글들로 아빠의 삶을 다시 떠올리며 생각하고 또 생각할 것을 알기 때문이다.

간신히 원고 입력을 마치고 이룸이에게 젖을 물려 외출을 했다. 날씨는 좋았다. 대형마트 안경 코너에 가서 선글라스를 골랐다. 십만 원 내외에서 골라드렸는데 워낙 인물이 좋으신 분이라 어떤 것도 잘 어울리셨다. 그 옆에서 엄마가 여자용 선글라스를 유심히 살피며 가격표를 슬쩍슬쩍 보신다. 내가 사드렸던 엄마의 선글라스는 어느새 테가 벗겨져 모양이 흉해진 것을 머리카락으로 가리며 쓰고 다니고 계셨다.

"여자용도 보여주세요." 점원에게 부탁했더니 엄마가 화들짝 만류하신다. 그러면서도 골라주는 선글라스를 열심히 써보신다. 결국 아빠 것보다 더 좋은 것으로 골라드렸다. 두 분 모두 새 선글라스를 끼고 좋아하셨다. 엄마는 돈 많이 써서 어떡하냐고 염려하셨지만 아빠는 아무 말도 없으셨다. 자식이 부모를 위해 쓰는 돈을 염려하지 않으시는 것이 아빠의 자존심이고 딸을 위해주시는 표현임을 잘 안다.

설렁탕으로 점심을 먹고 다시 마트로 와서 이곳저곳 구경을 하는데 아빠가 남성복 코너에서 화려한 색상의 여름 셔츠를 걸쳐보신다. 그러고 보니 오늘같이 더운 날 검은 등산복을 입고 오셨다. "아빠, 맘에 드세요? 입어보세요." 얼른 나서서 입혀드렸다. 맘에 들어하시는 눈치다.

아빠가 이렇게 딸에게 묻지도 않고 당신이 필요하고 맘에 드는 물건을 고르시는 일은 드물다. 나는 아빠가 자식 눈치 보지 않고 당당하게 당신의 필요를 드러내는 모습이 좋았다. 어렵게 살지 않는 자식 앞에서 부모는 이럴 수 있어야 한다. 아빠는 가격 이야기는 꺼내지도 않으셨다. 그리고 당장 그 시원한 여름 셔츠로 갈아 입으셨다. 두 분 다 새 선글라스를 쓰고 아빠는 새 옷을 입고, 엄마는 내가 챙겨드린 몇 가지 찬거리가 든 가방을 들고 몇 번이나 "애썼다. 고맙다." 하며 가셨다.

예상보다 많은 돈을 썼지만 마음이 뿌듯했다. 당신들이 입고 쓰는 물건에는 지독하게 절약하고 알뜰하게 살아오신 부모님이다. 아빠 연세 곧 일흔, 아직은 건강하시지만 분명 한 해 한 해 잦아들고 계시리라. 시간이 지나고 나면 정말 마음에 남는 것은 이런 기억들이다. 아빠의 새 옷을 골라드리고, 잘 어울리는 모습을 같이 보며 즐거웠던 기억들, 같이 볕 좋은 시내를 걸어 다니고, 맛있는 점심을 먹으며 아이의 재롱에 같이 웃었던 순간들, 자식이 장만해드린 물건을 오래오래 잘 쓰시는 모습을 지켜보는 것, 그런 것들이다.

가끔 두 딸아이와 같이 있는 남편의 모습을 볼 때마다 생각한다. 남편은 이다음에 딸들과 어떤 사이로 지내는 아빠가 될까. 아마 우리 아빠보다는 한결 더 허물없이 어울리겠지. 먼 세월 후에 남편과 두 딸들이 따스하고 편하고 서로 많이 아끼는 부녀 사이가 되었으면 좋겠다. 그래서 나 몰래 두 딸과 데이트도 하고, 딸들이 골라준 멋진 옷도 얻어 입고 맛난 음식도 대접받고 다녔으면 좋겠다. 남편 혼자 딸네 집에 놀러 가는 일이 어색하지 않고 딸들과 내 흉도 보면서 수다도 떨고, 딸들이 아빠를 위해 쓰는 돈을 불편해하지 않으며 누릴 수 있는 아빠가 되었으면 좋겠다.

이룸이가 남편의 가슴 위에서 너무나 편안하게 잔다. 한때 우리 아빠도 당신의 가슴 위에 나를 올리고 재워주셨을 것이다. 반지하 방에서 어렵게 살 때 땀띠로 고생하는 어린 딸이 안쓰러워 주택부금을 깨서 선풍기를 사 오실 만큼 자식 사랑이 남달랐던 분이다. 어린 날 내게 하늘이었고, 한없이 든든한 나무였고, 넓은 세상이었던 아빠.

이젠 내가 아빠의 하늘이고, 나무고, 세상이다. 내 그늘 아래 이따금 머무시고 더 많이 기대시면 좋겠다. 어린 날 내가 아빠의 뒤를 아장아장 따라 걸었던 것처럼, 이제는 연로하신 부모님이 내 뒤를 따라 걸으신다. 그 모습을 보며 두 분이 더 많이 더 오래 건강하게 곁에 계셔주시기를 기도하고 또 기도한다.

오빠와 언니가
되는 일
...

오빠가 되고 언니가 되는 일은
셀 수 없이 다양하고 풍부한 관계의 문제들에 직면하고
갈등하고 해결하는 일이기도 하다.

윤정이의 발레 수업이 주민센터에서 있는 날, 마침 도서관에서 빌려왔던 책들도 반납해야 했다. 책 스무 권이 담긴 가방을 커리어에 싣고, 기저귀 가방을 유모차에 걸고, 이룸이 앉히고, 윤정이 준비물 가방을 챙겨 세 아이와 집을 나섰다. 발레복 담긴 가방은 윤정이가 메고, 기저귀 가방이 달려 있는 유모차는 필규가 밀고 간다. 나는 뒤에서 책을 실은 무거운 커리어를 끌며 따라간다. 여덟 살 필규는 이럴 때 제가 커리어나 유모차 둘 중 하나를 밀어야 한다는 걸 안다. 이룸이를 예뻐하니까 대개는 유모차를 선택한다.

일 년 사이에 키가 훌쩍 큰 필규의 뒷모습이 제법 영글어 보인다. 올봄만 해도 "여동생 둘 있는 오빠 노릇하기 정말 힘들어요." 한숨을 쉬곤 했다. 셋이서 같이 걸으면 사람들이 윤정이와 이룸이만 쳐다보고 칭찬한다고 속상해하고, 엄마는 동생들만 예뻐하고 자기한테는 화만 낸다고 성을 내곤 했다. 엄마 옆자리를 두 여동생에게 빼앗긴 게 속상해서 무던히도 울고 칭얼거렸지만 이젠 두 여동생 재우고 저를 안아주러 침대 위로 올라올 때까지 기다렸다가 맘 놓고 엄마를 안아보는 아들이 되었다.

동생이 하나였을 때와 둘이 있는 건 얼마나 다를까. 저만 있던 세상에 동생이 태어나서 오빠가 되고, 둘이 지내던 세상에 또 동생이 태어나 셋이 되는 동안 첫째의 마음속에선 어떤 감정들이 생겨나고 자라날까 이따금 가늠해보곤 한다. 쉽지는 않았으리라. 단념해야 하는 일도 생기고, 기다려야 하는 일들도 많아지고, 제게 주어지는 일들도 늘어나고 복잡했을 것이다.

힘들다고 투덜거리기도 하고 울기도 했지만 필규는 이제 두 여동생이 있는 오빠로서 제 모습을 조금씩 찾아가고 있다. 윤정이가 태어나서 즐거웠고 행복했던 만큼, 이룸이가 태어나서 웃을 일도 더 많아지고 일상이 더 풍요로워졌다는 걸 알기 때문이다. 내가 부엌에서 바쁠 때, 뒷베란다에서 빨래를 할 때, 이룸이 곁을 지키고 엄마 곧 올 거라고 달래주고, 딸랑이를 흔들어주는 것도 필규 몫이다. 늘 즐거운 맘으로 하는 것은 아니지만 그래도 내가 부탁하면 동생들에게 달려간다. 그게 엄마에게 얼마나 큰 도움이 되는지 필규도 안다.

윤정이는 제 물건을 스스로 챙긴다. 발레를 좋아하니까 발레 가방은 꼭 제가 메고 걷는다. 네 살 윤정이가 메기엔 가방이 좀 크다 싶은데도 자꾸만 흘러내리는 가방끈을 다른 손으로 붙잡고 씩씩하게 걸어간다. 지난해 이맘때에는 유모차에 실려 도서관을 오가던 윤정이다. 일 년 사이에 막내에서 언니가 된 윤정이는 혼자 힘으로 걸어야 할 때가 많다. 아직 막내인 친구들은 유모차도 많이 타고 다니는데 윤정이는 늘 동생을 태운 유모차 옆을 땀 뻘뻘 흘리며 부지런히 걷는다. 얼굴이 발갛게 상기되도록 열심히 따라 걷는다.

오빠보다 일 년 먼저 언니가 된 윤정이는 필규가 아직 내 품에서 응석을 부릴 나이에 엄마를 동생에게 양보했다. 그리고 오빠와 동생 사이에서 제 역할과 몫을 찾아가는 일을 배웠다. 다행히 나이에 비해 야무지고 말귀도 잘 알아듣고 발육도 빨라서, 나는 가끔 윤정이가 네 살이라는 것을 잊고 이런저런 것들을 시키고 부탁한다. 돌아보면 네 살아이에겐 무리다 싶은 것도 많은데 윤정이는 엄마의 요구를 열심히 따라주었다. 때로는 너무 빨리 의젓해진 게 아닌가 미안하기도 하다.

이룸이가 태어난 후 저에 대한 오빠의 애정은 동생에게 왈칵 옮겨가 버리고, 엄마와 이룸이 사이에서 받는 스트레스를 늘 윤정이에게 풀어 버리는 오빠 때문에 하루에도 여러 번 속상한 울음을 터뜨려야 하는 둘째다. 그런 시간들이 윤정이를 안으로 더 단단하게 여물게 한 모양인지, 윤정이는 일찍부터 저 혼자 노는 것을 터득했고 집안일 돕는 법을 익혔다. 오빠가 심술을 부려도 금방 풀어버리고, 이룸이를 돌보는 일에 고단한 엄마가 저를 많이 봐주지 못한다고 떼쓰거나 화내는 일도 드물다. 그런 모습에 미안하고도 고맙다.

형제가 생기면 한 아이에게 쏟을 수 있는 관심과 투자가 줄어들어서 아이한테 미안하다는 부모들이 있다. 물론 사실이다. 아이가 하나만 있으면 부모와 함께 누릴 수 있는 경험과 조건들이 더 풍족해질 수 있다. 그렇지만 형제가 생기면 '관계'가 주는 풍요로움이 늘어난다. 오빠가 되고 언니가 되는 일은 셀 수 없이 다양하고 풍부한 관계의 문제들에 직면하고 갈등하고 해결하는 일이기도 하다. 동생을 위해 기다리고 노력하고 참아보는 일, 오빠에게 부탁하고 양보하고 같이 하는 일을 통해서 필규와 윤정이는 수많은 감정들을 느끼고 있다.

저 혼자 있을 때처럼 해서는 해결되지 않는 일들이 생기고 그것 때문에 고민하고 매달리고 풀어가면서, 두 아이의 마음속엔 새로운 지도가 그려지고 더 깊은 샘물이 솟아난다. 참고 기다리고 단념해야 하는 것들도 있지만, 셋이라서 더 신나고 좋고 멋진 일도 있다는 것을 깨달아가며, 동생이 좋고 오빠가 있어 힘나고 언니라서 행복한 시간이 오는 것이다. 이런 것들을 어찌 경제적인 것으로 따질 수 있을까.

필규에겐 두 여동생이 있고, 윤정이에게는 오빠와 여동생이 있고, 이룸이에게는 오빠와 언니가 있다. 이건 참 멋진 조화다. 누구에게도 치우치지 않고, 공평하다. 이룸이가 더 자라서 필규의 영역을 침범하기 시작하면 셋이 빚어내는 관계와 조화가 또 한 번 변하고 바뀌겠지. 하지만 새로운 도전과 경험을 통해 세 아이 모두 속으로 자라는 것이 있으리라 믿는다.

아기가 주는
선물

• • •

아기 때문에 갑자기
온 세상이 내게 호의를 보내고,
어디서나 환영을 받고
관심을 끈다.

모든 아기들은 참 위대하다. 아기들은 존재 자체로 앞에 선 사람들의 마음을 쉽게 풀어버린다. 아무런 긴장 없이 순수한 눈으로 바라보는 아기 앞에서 일부러 인상을 쓰며 화를 내기란 어렵다. 아기들은 판단하지 않는 눈으로 세상을 본다. 꾀도 없고 계산이나 궁리도 모르고, 제 앞에 선 사람의 과거나 미래에도 관심이 없다. 그 시선 앞에 서면 어떤 사람도 마음이 그냥 비워진다. 아기가 지닌 힘이다.

아기들은 선물이다. 세 아이를 키우며 느꼈다. 어린아이를 데리고 전철을 타거나 외출을 하면 어디서나 사람들이 아이 앞에서 멈춰 서곤 했다. 낯선 아저씨나 연세 많으신 어르신들도, 젊은 청년들이나 어린 소녀들도 어린 아기의 손을 잡아보거나 눈을 맞추고 싶어 내 앞에서 걸음을 멈추고 말을 걸곤 했다. "몇 개월이에요? 이가 났어요? 엄마를 알아보나요? 모유 먹어요? 뒤집나요? 혼자 앉아요? 낯을 가리지 않네요?" 처음 보는 사람들은 이렇게 물어보며 아기 앞에서 웃고 설레고 기뻐했다. 아기가 낯선 이의 손을 스스럼없이 잡아주거나 방긋 미소라도 지어주면

탄성과 경탄의 소리가 흘러넘쳤다. 아기가 자기 손을 잡았다고 펄쩍 뛰며 좋아하던 커플도 있었고 아기 뺨을 살며시 만져 보고는 너무 좋아서 어쩔 줄 몰라 하던 학생도 있었다.

아기 때문에 갑자기 온 세상이 내게 호의를 보내고, 어디서나 환영을 받고 관심을 받는 기분이었다. 사방에서 사람들이 다가오고 말을 걸고 웃음을 보냈다. 아기가 아니었다면 처음 본 사람들과 그렇게 많은 얘기들을 그렇게 친밀하게 금방 나눌 수 있었을까. 아기가 아니었다면 그 많은 사람들이 한 번에 마음을 열고 관심을 보이는 것을 기쁘고 고맙게 여길 수 있었을까.

두 아이를 키우며 받았던 선물을 이룸이를 통해서 또 받고 있다. 이룸이와 함께 나서면 어디서나 반갑고 환하고 따스한 미소와 환대를 받는다. 이룸이가 셋째아이라서 더 그렇다. "셋이라서 좋겠네요, 대단하세요, 정말 좋으시겠어요, 잘 하셨어요, 너무 부러워요…." 등등. 대단한 일을 한 것도 아닌데 사람들은 나를 칭찬하고, 격려하고, 축하를 보냈다. 이룸이 때문이다.

필규도 윤정이도 이룸이에게 쏟아지는 관심을 기뻐하고 자랑스러워 한다. 모두가 환영하는 이쁜 아기가 제 동생이기 때문이다. 다른 사람들이 이룸이에 대해서 질문하면 필규와 윤정이가 엄마 대신 대답해 준다. "이룸이는 엄마 젖을 먹어요, 아직 혼자 앉지는 못하는데요, 지금 막 연습 중이예요. 이빨은 아직 안 났구요, 아무나 보면 웃어요." 필규가 이런 얘기들을 늘어놓으면 윤정이는 "얘는 아긍긍이예요. 아긍긍

하면 좋아한다요? 까르르…." 하며 제가 더 많이 웃는다.

사람들에게 이룸이에 대해서 이야기하는 것을 두 아이 모두 좋아한다. 어린 동생에게 쏟아지는 관심을 기꺼이 즐기고 관심 속에 저희들도 풍덩 들어가 같이 웃고, 제 동생이라서 좋고 자랑스럽고 기쁜 마음을 그대로 꺼내놓는다. 필규가 학교에 들어간 후부터 이룸이는 필규 친구 모두의 동생이 되었다. 이룸이를 데리고 학교에 가면 이룸이를 보러 몰려드는 아이들이 정말 많다.

필규는 윤정이가 태어난 순간을 지켜보았고, 인간의 아기가 어떻게 커가는지, 어떻게 성장하고 변화해가는지 동생을 보면서 올올이 겪었다. 윤정이가 탄 유모차를 밀어주고, 첫 이가 났다고 펄쩍 뛰고, 윤정이가 처음 뒤집었다고 기뻐서 아빠에게 전화로 알려주고, 동생에게 조그만 상처가 났다고 속상해하곤 했다.

이런 과정에서 정말 중요한 '타인에 대한 공감과 이해'를 배웠다고 나는 믿는다. 어린 동생의 자그마한 변화에도 민감한 관심을 기울이고, 작은 성취와 도전, 실패와 성공에 같이 열광하고 아쉬워하고 기뻐하는 일이란 필규의 생각과 감정을 살찌우고 깊게 하는 시간이기도 했다. 형제가 있어서 누릴 수 있었던 선물이었다. 지금은 윤정이가 이룸이와 종일 같이 지내며 필규가 경험했던 과정들을 겪어가고 있다.

요즘의 아이들에게 가장 문제가 되는 것 중의 하나가 '고립감'이다. 형제도 없고, 친구들과 깊은 우정을 나눌 기회도 시간도 충분하지 않은 아이들은 사람과 사람 사이에서 나눌 수 있는 깊은 공감과 이해를 배우지 못하며 자라고 있다. 남보다 더 많은 지식을 쌓는 일에만 내몰리는 아이들은 사람과의 소통보다 기계와 매체와의 소통에 열중하지만 이런 소통은 진정한 공감의 힘을 심어주지 못한다.

아기를 볼 때 우리는 자신이 지나온 시간과 성장들을 다시 마주한

다. 아기를 보면서 다른 사람들도 이 시절을 거쳐왔음을 다시 깨닫고 진심으로 아기에게 마음을 열 수 있다. 아기의 사소하고 작은 변화와 성장에도 열렬하게 응원하고 기뻐할 수 있게 된다. 형제가 있으면 이

런 과정이 자연스럽게 일어난다.

　윤정이와 필규, 필규 친구까지 더운 여름날 좁은 침대 위에서 어린 이룸이를 즐겁게 해주고 웃게 하려고 땀을 뻘뻘 흘려가며 뛰고, 노래하고, 춤을 춘다. 아이들은 이룸이가 웃고 좋아하는 게 신이 나서 더운

줄도 모르고 뛰고 또 뛰고, 이룸이는 까르르 웃으며 언니 오빠의 수고와 정성에 답을 한다. 금방 눈에 보이는 건 아니지만 아기와 함께 있으면서 마음이 열리고 생각도 더 깊어지고 있으리라. 다른 사람의 마음

을 헤아려보는 힘들이 이룸이를 사랑하고 아껴주는 이 아이들에게 쌓이고 있으리라. 이런 관계, 이런 시간이야말로 요즘을 살아가는 우리 아이들에게 필요한 것이 아닐까.

아이 키우는 일에 돈이 너무 많이 들고 힘들어서 형제를 낳지 않는다는 부모들이 많지만 아기는 돈보다 더 귀한 선물을 우리에게 준다. 부모가 아이에게 줄 수 있는 가장 의미 있고 중요한 선물은 커가는 모습을 같이 지켜보고 나눌 수 있는 형제다. 어린 아기와 같이 보내는 시간들이다. 아기는 선물이고 희망이다. 아기들이 더 많아져야 이 사회도 희망이 있다고 나는 진심으로 믿는다.

아이는 세상의 비밀을 다시 보여주려고
우리에게 온다

...

이 아이가 아니었다면 어떻게 늘 서둘러 지나던
담벼락의 낙서들과 이름 모를 풀들과 돌멩이들에
마음을 줄 수 있었을까.

아이가 걸음마를 처음 배우기 시작할 때 나는 저녁산책을 자주 나갔다. 아장아장 떼뚝떼뚝 아이의 걸음에 맞추어 걷다보면 시간은 우리를 비켜가는 것만 같다. 너무 더뎌지는 아이의 손을 끌며 어서 가자 재촉하는데 아이의 걸음은 마냥 늦고, 춤추듯 흔들리고 제멋대로 멈추었다 나가기를 반복한다. 그러다가 맘에 끌리는 것이 있으면 엄마 손을 잡아끌며 그리로 몸을 기울인다. 그때는 어린 것이 어찌나 힘이 세어지는지, 50킬로그램이나 되는 나도 쩔쩔매며 끌려간다. 존재 전체가, 몸과 마음이 푹 빠져버린 몰두의 힘이다. 작은 사금파리나 종이 부스러기라 할지라도 아이는 그 자체에 풍덩 빠져 옆에 있는 엄마까지도 잊어버린다. 서너 발자국 가다 쪼그리고 앉아 낙엽을 주워 들고, 몇 걸음

가다 길가의 돌멩이에 맘이 뺏기고, 떨어져 있는 쓰레기에 한눈을 파는 식이다. 멈춰 서서 지나는 사람들도 일일이 한참 동안 쳐다본다. 제 딴에 신기한 게 있으면 고개는 그쪽으로 향하고 걷는다. 그럴 땐 가뜩이나 위태로운 걸음이 한층 휘청거린다.

아이를 사로잡는 것은 얼마나 많은지…. 길가의 안내 표지판, 낙엽,

주차해둔 차들의 바퀴, 지나가는 아이의 손에 들려 있는 과자, 맨홀 뚜껑, 배수구의 구멍, 보도블록의 갈라진 틈이나 심지어는 아스팔트 위의 무늬까지. 보이는 모든 것이, 제힘으로 걸으며 만나는 세상의 모든 풍경과 사물들이 신기하고 재미있고 매혹적인가 보다.

아이 덕분에 나는 태어나서 처음으로 아스팔트에도 무늬가 있다는 것을 알았다. 늘 지나가던 길가 보도블록의 깨진 조각이 꼭 동물 모양

처럼 보이기도 한다는 걸 새롭게 알게 되었다. 시든 이파리 하나를 이렇게 오래 들여다보는 일도 얼마만인가. 지나는 사람의 멋진 옷차림이나 번쩍이는 장신구, 고급 자동차에 눈이 가던 내가 필규로 인해 고개를 숙여 발밑을 보고, 아무것도 아닌 것에 함께 빠져들어 즐거워한다. 아이가 내게 다른 세상을 보게 한다. 그 마음으로 보면 세상엔 빛나지

않는 것이 없고, 무의미한 것도 없고, 신기하지 않은 것도 없다는 진리를 깨닫는다.

존재하는 모든 것이 신기하고 귀하고 재미난 그 맘이란 부처님이나 예수님에 가깝지 않을까? 우린 이렇게 누구나 신과 가까운 시절을 지나면서 자라건만 까마득하게 오래전에 그 길에서 멀어졌다. 하지만 아이는 아직 그 세상에 있다. 돌멩이 하나, 사금파리 하나에도 아름다운

빛이 있는, 나는 아무리 애를 써도 들어갈 수 없는 맑고 귀한 세계 말이다. 닳고 닳은 어른인 나는 그저 어린아이가 걷는 길을 따라 걸으며 아이가 보여주는 빛들의 희미한 흔적이나마 느끼고 싶어 애쓸 뿐이다. 이 아이가 있어 비로소 세상이 보여주는 풍부하고 놀라운 풍경들을 이 때나마 같이 누리려고 마음을 열 뿐이다.

아이를 보면서 비로소 아이가 세상에 온 이유를 알 것 같다. 아이들은 어른들이 보지 못하는 세상의 비밀을 다시 보여주기 위해 우리에게 온다. 다시 되돌아갈 수 없는 그 시절의 비밀과 신비를 또 한 번 누리게 해주려고 우리에게 오는 것이다. 다시 맑아지고 순해지고 다시 착해질 수 있는 기회를 주려고, 다시 보고 느끼고 배우게 해주려고, 우리들을 더 나은 존재로 만들어 세상을 더 빛나게 해주려고 신은 아이를 만들어 우리에게 보내는 것이다.

이 아이가 아니었다면 어떻게 이렇게 짧은 길 속에 숨어 있는 끝없는 길들을 걸어볼 수 있었을까. 어떻게 한없이 나를 낮추어 발밑을 지나가는 개미들의 발걸음을 오래오래 들여다보는 여유를 가질 수 있었을까. 어떻게 늘 서둘러 지나던 담벼락의 낙서들과 이름 모를 풀들과 돌멩이들에 마음을 줄 수 있었을까.

아… 어린 아이의 손을 잡고, 서툴고 예쁜 걸음마를 함께하며 낙엽 깔린 길을 걷는 늦가을 저녁은 행복하여라. 사람들은 총총히 서두르며 우리 곁을 지나쳐가지만 우리는 아이의 시간에 머물러 있다. 천천히, 느리게, 한발 한발 제힘으로 걸으며 순수한 기쁨과 열망에 싸인 아이

가 되어 어둠이 내리는 길을 아주 조금씩 걸어간다. 집으로 가는 길이 아주 더디고 멀지만 그래서 모든 것이 처음인 듯 새로워지는 즐거움을 누린다. 이 위태하고 춤추듯 서툰 걸음마의 날들은 얼마나 빨리 사라질까. 내 손을 잡지 않고 날듯이 뛰어가게 되는 날도 머지 않았으리라. 아이를 키우는 일이란 분명 지극히 힘든 일이기도 하지만 이렇게 눈부신 보석들을 매순간 발견하고, 안타까워하면서도 보석을 내려놓는 일이기도 하다. 영원히 잡아둘 수 없는 것들이라서 더 빛나는 것들을 아쉬워하면서도 이 순간만큼은 마음껏 누리고 싶다.

아이를 키우는 나날은 하루하루가 새로운 배움과 깨달음의 날들이다. 내가 아이를 키우고, 아이가 나를 키운다. 다시 어려지고 낮아지고 기꺼이 서툴어지는 경험을 이 아이가 아니었다면 어찌 누렸을까. 이 아이와 더불어 10대의 펄펄 뛰는 날들을, 20대의 흔들리는 날들을, 이 아이가 맞는 모든 날들을 같이 살 수 있으니 기쁘다.

다행이다,
오늘이 가장 아름다운 날임을
알고 있어서

...

이 아이들이 아니면
누가 나를 이다지도 살뜰하게 아껴주고,
열렬하게 원해줄 것인가.

눈물이 많은 것은 꼭 엄마를 닮았다. 전혀 울 준비가 되어 있지 않은 상황에서도 나는 눈물이 금방 나온다. 텔레비전을 틀었는데 누군가 슬프게 울고 있으면, 왜 우는지 어떤 상황인지도 모르고 어느새 같이 울고 있다. 아이들이랑 그림책 읽다가 울고, 신문 기사 읽다가 울고, 그냥 먼 미래에 대해서 얘기하다가도 운다. 마음이 조금이라도 일렁거리면 여지없이 눈물이 나온다. 어쩔 수 없다. 그게 나다.

엄마가 되고 나니 눈물이 더 많아졌다. 속상해서 울고, 분해서 울고, 화나서 울기도 하지만 기뻐서, 고마워서, 그냥 다 감사해서, 너무 예뻐서 눈물이 나는 때가 많다.

화나면 나에게 주먹을 들이대는 시늉도 곧잘 하는 아들 녀석은, "너,

이거 안 하면 그거 못 하게 할 거야!"라고 야단치면 "엄마는 왜 협박을 하세요? 협박하는 게 나쁘다면서 왜 나한테 협박을 하냐구요!"라고 나보다 더 크게 버럭거려서 엄마를 무안하게 만들기도 한다. 하지만 바쁠 때 잠깐씩 이룸이 좀 보고 있으라고 시키면 이룸이가 침대에서 떨어질까 봐 제 몸으로 감싸 안고 "이룸아 까꿍, 부르르르 까꿍"을 쉬지 않고 외치며 동생을 웃게 하려고 애쓰는 소리를 듣게 될 때 부엌에서 일 하다가도 가슴이 뭉클해지며 눈물이 난다. 셋이서 외출을 할 때 짐을 들고 있는 엄마 대신 유모차를 씩씩하게 밀고 가는 큰 아이들 뒷모습을 볼 때도 가슴이 저릿하곤 한다. 학교에 갈 때는 현관에 서서 "이룸아, 오빠 뽀뽀!" 외치며 이리저리 움직이려는 이룸이 입술을 기어코 제 얼굴에 닿게 하려고 애쓰는 모습도 가끔 뭉클하게 한다.

어린 동생을 예뻐하는 윤정이의 마음을 엿보게 될 때도 눈물이 핑 돈다. 제 자리를 뺏은 동생인데, 엄마가 바쁠 때는 대신 동생을 봐주느라 동생 앞에서 춤도 추고 딸랑이도 흔들며 최선을 다한다. 친구들은 모두 엄마에게 떼를 쓰고 안기고 유모차에 실려 다니는데 윤정이는 유모차도 엄마 품도, 떼를 쓰고 매달리는 일도 일찍 졸업하고 언니가 되느라 많이 애를 쓰는 게 언제나 나를 눈물 나게 한다.

8개월로 접어들면서 낯을 가리게 된 이룸이가 잠깐 안아본다고 저를 데려간 이웃 아줌마의 품에서 나를 쳐다보며 울듯 말듯 한 표정으로 간절하게 엄마를 원하는 표정을 볼 때도 가슴이 뻐근해질 때가 있다. 화장도 안 하고, 머리칼도 부스스하고, 젖으로 얼룩진 티셔츠에, 이젠 감출 수도 없이 많이 늘어난 흰 머리칼에, 예쁜 구석이라곤 없는 나를 세상에서 가장 황홀하고 열렬하고 뜨겁게 원하는 천사 같은 어린 딸의 눈빛은 매일 매순간 나를 눈물 나게 한다.

네 살 딸아이가 긴 갈래머리를 찰랑거리며, 저랑 꼭 닮은 인형에 제가 꽂은 것과 똑같은 핀을 꽂아주고는 안고 걸어가는 뒷모습이 너무 이뻐서 눈가가 젖어 온다. 투닥거리며 장난치던 아이들이 그림같이 잠들어 있는 모습을 볼 때도 가끔 눈물 나고 지난해 입었던 옷들이 벌써 작아진 것을 알게 될 때도 가슴이 저려온다.

애 키우는 일이 왜 이렇게 힘드냐고 남편에게 투정부리고 하소연하고, 엄마 좀 그만 찾으라고 아이들에게 짜증을 부려대는 못난 엄마지만 아이들이 커가는 모든 순간이 사실은 세상에서 제일 귀하고 고맙고 소중하다는 것은 안다.

이 아이들이 아니면 누가 나를 이다지도 살뜰하게 아껴주고, 열렬하게 원해줄 것인가. 내 손이, 가슴이 세상에서 가장 멋진 보석이라도 되듯이 다투어가며 한 번이라도 더 많이 닿고, 더 많이 차지하려고 애쓰는 모습을 볼 때마다 이 아이들의 엄마인 것이 고마워서 행복해서 나는 또 울고 만다.

미래의 온갖 일들을 상상해보다가 언젠가는 필규가 엄마보다 더 좋아하는 여자친구가 생길 것을 생각하고는 벌써부터 가슴을 쓸어내리기도 하고, 윤정이가 시집가는 날을 떠올려 보다가 눈물을 흘리기도 한다. 그리고는 허겁지겁 아이들의 나이를 되새기며 아직 이 아이들과

함께 지낼 수 있는 시간이 많이 있고 함께 나눌 수 있는 것들이 넘친
다는 사실이 고맙고 다행스러워 또 눈물을 짜내기도 한다.

이만하면 가히 환자 수준이라 하겠다. 그러나 어쩌랴, 이게 나인 것
을. 푼수라고 해도 좋다. 아이들과 아무것도 아닌 것으로 같이 울고 웃
으며 사는 이런 날들이 감사할 뿐이다.

엄마가 되기 전에는 몰랐다. 아이들의 모든 나이가 이렇게 빛이 나

두려움 없이 엄마 되기

는 줄 말이다. 나를 다시 일으키고, 힘나게 하고, 살게 하는 아이들이다. 아이들의 매 순간이 가지고 있는 고유한 빛들이 예전보다 훨씬 잘 보인다. 나이 들어 아이를 키우는 행복이다.

　힘들고 어렵고 고단해도 생기 넘치는 세 아이들과 지지고 볶으며 지나가는 이런 날들이 세상에서 가장 아름다운 날들이라는 것을 알아서, 그걸 알고 있어서 다행일 뿐이다.

엄마로 사느라
못하고 있는 것들

아이 키우는 일은 내가 하고 싶은 것을 한없이 미루는 일이기도 하다. 육아가 좋아서 기꺼이 선택했고, 결혼하고 아이를 키우는 일을 후회해본 적은 없지만 나도 사람이기에 가끔은 육아 때문에 포기할 수밖에 없는 일들을 해보는 꿈을 꾸게 된다. 거창한 것도 아니다. 아주 사소하고 보통 사람에게는 아무것도 아닌 것들이 세 아이 키우는 엄마에게는 이루기 힘든 소망이 되고, 가슴에 품어보는 로망이 된다. 그래서 '엄마로 사느라 못하고 있는 것들'의 목록을 적어 작정하고 넋두리를 좀 해보려고 한다.

우선, 정말로 마음껏 자보고 싶다. 눕고 싶을 때 눕고 일어나고 싶을 때 일어나기. 정말이지 너무너무 해보고 싶다. 어린 아이 키우는 일이란 잠과의 싸움이다. 나처럼 젖 먹이고 천기저귀 쓰는 엄마라면 더 그렇다. 밤중에도 젖 물리고, 때때로 일어나서 기저귀를 갈다보면 잠은

늘 너덜너덜 이어붙인 조각보가 되고 만다. 중간에 깨지 않고 밤새 통째로 자보기, 소원이다. 주중에 바쁜 남편은 주말이면 꼭 낮잠을 자는데, 그게 정말 부럽고도 얄밉다. 나는 그럴 수 없기 때문이다. 애 키우는 일이라는 게 주말이 따로 있을 리 없다. 주중에 열심히 키웠으니 주말 만큼은 쉬겠다는 말이 통하지 않는다. 나는 처지가 이런데 주중에 열심히 회사 다녔으니 주말엔 푹 쉬고 싶어 하는 남편이 야속할 따름이다.

나도 밥 좀 편하게 먹고 싶다. 맛난 음식을 찾는 게 아니다. 그냥 밥에 김치만 있는 상이라도 편하게 앉아서 두 손 자유롭게 사용하면서 느긋하게 먹고 싶다. 세 아이 키우며 밥을 해먹는 일은 늘 전쟁처럼 지나간다. 보행기와 아기의자를 싫어하는 아기를 한 팔에 안고, 다른 팔로 채소를 데치고 무치고 볶아가며 상을 차리고 나면, 그 다음엔 한 쪽에 젖먹이를 안고 다른 손으로 내 입에 밥 넣어가며, 둘째아이 숟가락 위에 반찬도 올려주면서 큰아이 먹는 것도 챙겨야 한다. 맛을 음미하고 어쩌고 하는 것은 애당초 가능하지도 않다. 그나마 제때 밥을 먹을 수 있기라도 하면 다행이다. 애써 다 차려놓으면 이제는 졸린다고 칭얼거리는 아이를 젖 물려가며 재워야 하기 일쑤다. 남편과 두 아이들이 밥을 다 먹고 난 다음에야 상에 앉는 일도 허다하다. 더구나 막내가 아빠에게 안 가려고 하면 또 안고 먹어야 한다. 애 키우면서 먹고살기, 정말 힘들다.

폼 나는 옷도 좀 입고 싶다. 세 아이 낳고 기르는 9년 동안 임신 기간만 2년 6개월, 수유 기간은 세 아이 합쳐 3년이 되어간다. 임신과 수유에서 벗어난 시절에도 늘 손이 가는 어린 아이가 있다보니 내 옷차림은 언제든 아이를 안거나 업기에 편한 옷, 애들 때문에 갑자기 얼룩이 묻어도 아깝지 않을 옷, 움직이기 편하고 튼튼하고 빨기 쉬운 옷이 기준이 된다. 여기에 굽이 낮고 실용적인 신발이 필수다. 잠자리 날개처럼 하늘하늘한 원피스라든가 레이스 달린 블라우스, 단추가 조르르 달린 몸에 꼭 맞는 셔츠 따위는 그림의 떡이다.

아이들 데리고 다니면 챙길 물건도 많아 커다란 가방이 몸에서 떠날 새가 없다. 목걸이나 귀걸이, 반지 따위도 어림없다. 아이들과 스킨십하는 데 방해가 되서 화장도 안 하고 입술에 립스틱조차 안 바르고 살아온 게 몇 해던가. 내가 원해서 이러고 살고 있지만 마음속에 욕망마저 없는 건 아니다. 나도 멋지게 차려 입고 폼 나게 다니고 싶다.

문화생활도 좀 여유 있게 누려보고 싶다. 극장에 앉아 영화 보기, 느긋하게 미술관 돌아다니기, 우아하게 레스토랑에서 음식 먹고 카페에서 편하게 수다 떨고, 서점에서 책 삼매경에 빠져보고, 각종 공연과 연주회 기웃거리고 몸과 마음을 살찌울 강연과 각종 강좌에 참석해보는 일… 간절하게 원하고 또 원하는 일이다.

두 살, 다섯 살, 아홉 살 아이를 키우고 있는 나는 주로 아이들이 원하는 것을 보여주고, 읽어주고, 아이들이 가고 싶어 하는 곳을 가야 한다. 그런 일이 즐겁지 않은 건 아니지만 내가 보고 싶고, 가고 싶고, 듣고 싶고, 하고 싶은 일들도 많다. 그러나 늘 아이들이 곁에 있으니 모두가 상상 속에서나 가능한 일이다. 처녀 적엔 영화도 좋아했고, 인사동 찻집을 누비며 맘에 드는 찻집 창가에 앉아 하염없이 긴 일기를 적기도 했었다. 무료 공연, 강좌를 꿰고 다니며 주말에는 그런 것들을 즐기느라 바빴다. 영화제, 페스티벌, 각종 행사 같은 것들도 얼마나 재미있었던가. 지금은 추억 속에 아스라하다.

휴식 같은 여행을 떠나고 싶다. 세 아이 데리고 시댁 가는 일 말고, 나만을 위해 내가 좋아하고 가고 싶은 곳으로 떠날 수 있는 여행. 처녀 적엔 중고 소형차에 지도 한 권 싣고 그야말로 발길 닿는 대로 다녔었다. 그런 여행이야 꿈도 안 꾸지만 쉬면서 재충전하고 위로가 될 수 있는 여행이 그립다. 아이들 옷이며 기저귀가 가득 찬 가방들을 싣고, 도로가 밀리면 짜증내는 아이들 달래가며 여행 한 번 다녀오면 휴식은커녕 몸살이 날 지경이 된다. 가족들과 함께 지내는 시간들이 소중하지만 아이가 많으면 여행도 스트레스가 된다. 나도 가끔은 휴가를 받아서 나만의 여행을 다녀오고 싶다. 언제쯤 가능할까?

하긴 이런 목록들도 거창하다. 이 정도가 아니라도 좋다. 그냥 오랜만에 전화해준 친구와 마음껏 수다를 떨 수 있으면 좋겠고 목욕탕에 더운 물 받아놓고 느긋하게 들어앉아 있을 수 있다면 좋겠다. 아니 아니, 그냥 화장실에서 볼일 볼 때 문이라도 닫을 수 있다면 좋겠다.(막내가 깨어 있으면 보행기를 화장실 문 앞에 가져다놓고 거기에 앉힌 다음 노래 불러주며 볼일을 본다.)

조간신문 끝까지 읽기, 재미있는 책에 정신없이 빠져보기, 먹기 싫을 땐 밥 안 하기(내가 먹기 싫고 밥하기 싫어도 애들이 보채면 꼼짝 못하고 밥해서 대령해야 한다), 한 일주일쯤 청소 따윈 신경 안 쓰고 살아보기(이틀만 정리 안 하면 집안은 카오스 그 자체가 된다), 대중목욕탕에 가서 목욕하기(결혼 8년 동안 첫아이 있을 때까지 대여섯 번 가본 게 고작이다)도 간절하다. 내 속도대로 걸어보기(늘 어린 아이 발걸음에 맞추어 걷다보니 내 보폭도 잊어버렸다), 길거리 쇼 윈도우에 정신 팔아보기(3분만 서 있으면 아이들이 빨리 가자고 난리다), 맘 놓고 가게에 들어가 옷 고르기(어린 아이 데리고 옷 사러 가는 일, 불가능 그 자체다), 인터넷 삼매경에 빠져보기(애가 깨어 있는 시간엔 절대 불가능하고, 애가 자고 있으면 내가 불가능하다), 이런 거 정말

하고 싶다. 아니다. 다 필요 없다. 그냥 온종일 빈둥거리며 보내는 날이 있으면 좋겠다. 마음껏 게으름 부리고 뒹굴며 시체놀이 할 수 있는 그런 날 좀 있으면 좋겠다. 정말 좋겠다.

그렇지만 내가 목록에 적어놓은 모든 것들과 세 아이들을 바꾸자고 하면 절대 안 바꾼다. 다시 태어나도 나는 아이들을 선택할 것이다. 생각할 것도 없다. 잠도 못 자고, 몸은 늘 고단하고, 늘어진 옷에선 젖 냄새가 가실 날이 없어도 나는 아이들이, 엄마인 지금의 내가 좋다. 결론이야 뭐 이렇게 뻔하다. '엄마로 사느라 못하고 있는 것들'도 수없이 많지만, '엄마로 살아서 누리고 있는 것들'도 셀 수 없이 많기에 이 노릇을 놓지 못한다.

레이스 달린 블라우스 입고 우아하게 미술관을 거니는 날이 20년쯤 지난 뒤에야 가능하다 하더라도 지금은 열심히 젖 물리고 기저귀 빨면서 정신없이 바쁘게 엄마의 날들을 살아야지. 그러면서도 하고 싶은 일들의 목록도 욕심껏 늘려가며 품고 있을 테다. 이다음에 꼭 다 할 작정이다. 애 키우면서도 배우고 익히고 누리고 즐길 수 있는 사회가 된다면 더 좋을 테니, 조금씩이나마 그런 사회로 나아갈 수 있도록 엄마로서의 목소리도 높여갈 거다.

그러니 참말로 할 일이 많다. 이 사회에서 엄마로 살아가려면.

감사의 말

    못난 사람의 못난 고백에 늘 용기와 격려를 전해주었던 수많은 블로그 이웃들이 있었기에 아이 키우는 일상에 큰 힘을 얻으며 살았다. 이 자리를 빌어 고마움을 전한다. 까다롭고 요구 많은 마누라를 늘 말없이 응원해주고 도와주는 속 깊은 남편에게도 사랑과 고마움을 전한다. 나를 낳아주시고 길러주신 부모님 정성과 사랑을 내가 부모가 되어 알았다. 가슴 깊이 감사드린다. 자손에게 기울이는 지극한 정성은 시집을 와서 시부모님 보며 배워가고 있다. 늘 더디고 느린 며느리를 가슴으로 품어주시는 사랑에 고개를 숙인다.

    지금의 내 모습이 조금이라도 나아졌다면 그것은 모두 아이들 덕이다. 이 나이에도 날마다 가슴 뛰는 무언가를 만나고, 고개 끄덕이는 무언가를 생각하고, 다시 배우고, 더 애쓰고 싶어 노력하게 되는 것도 모두 아이들 덕이다. 세상에서 가장 소중한 필규, 윤정, 이룸 세 아이들, 사랑한다. 고맙다. 고맙다.

모두에게

모든 것들에게

감사를 보낸다.